PASAPORTE AL MUNDO HISPANO: SEGUNDA EDICIÓN

PASAPORTE AL MUNDO HISPANO: SEGUNDA EDICIÓN

Advanced Spanish Resource Book

Samuel Anaya-Guzmán,
Cristina Quintana Blanco,
Angela Uribe de Kellett

Authors of the First edition
John England and
Nuria Gonzalez Oliver

continuum

Continuum International Publishing Group

The Tower Building   80 Maiden Lane
11 York Road   Suite 704
London SE1 7NX   New York NY 10038

© Samuel Anaya-Guzmán, Cristina Quintana Blanco,
Angela Uribe de Kellett, John England and Nuria Gonzalez Oliver
and contributors 2009

First printed 2009
Reprinted 2011

British Library Cataloguing-in-Publication Data
A catalogue record for this book is available from the British Library

ISBN: 978–0–8264–9386–6 (Hardback)
978–0–8264–9387–3 (Paperback)

Library of Congress Cataloging-in-Publication Data
The Publisher has applied for CIP data

Typeset by RefineCatch Limited, Bungay, Suffolk
Printed and bound in Great Britain

ÍNDICE DE MATERIAS

Presentación   xi

Agradecimientos   xv

Capítulo 1: El ocio y la cultura

Sección A: Textos escritos   1
   1.   *Cine latinoamericano: lo que el público se perderá*   1
   2.   *México Lindo y Querido*   6
   3.   *Crónica de la feria de Málaga*   11

Sección B: Ejercicios de gramática   15
   1.   Ser y estar con el participio pasado   15
   2.   Los modos indicativo y subjuntivo en oraciones subordinadas   15
   3.   El gerundio   16
   4.   Puntuación y ortografía   16

Sección C: Traducción al español   18
   The lessons of Easter

Sección D: Documento sonoro   18
   Lejos del mar (canción)

Sección E: Temas orales   20

Capítulo 2: La sociedad

Sección A: Textos escritos   27
   1.   *Merecemos un lugar en la ciencia*   27
   2.   *El peregrino*   31
   3.   *El perfil social de los españoles*   35

Sección B: Ejercicios de gramática   39
   1.   Seguir + gerundio; soler + infinitivo   39

2.   Giros idiomáticos   40
3.   Los pronombres   40
4.   La negación   41
5.   Adverbios temporales: ya, ya no, todavía, todavía no   41
6.   Perífrasis verbales + infinitivo o gerundio   42

Sección C: Traducción al español   42
      Not being hurried

Sección D: Documento sonoro   43
      Influencias estadounidenses sobre la población mexicana

Sección E: Temas orales   44

Capítulo 3: El mundo hispano

Sección A: Textos escritos   49
      1.   *Hablamos el mismo idioma*   49
      2.   *La leyenda de El Dorado*   53
      3.   *Miguel de la Quadra-Salcedo, uniendo las dos orillas*   58

Sección B: Ejercicios de gramática   62
      1.   Preposiciones   62
      2.   Verbos de cambio   63
      3.   Diferencias de género   63
      4.   Tiempos del pasado   64

Sección C: Traducción al español   65
      Che Guevara

Sección D: Documento sonoro   65
      La música en Bolivia

Sección E: Temas orales   66

Capítulo 4: La educación

Sección A: Textos escritos   69
      1.   *"e-learning": Licenciarse sin pisar la facultad*   69
      2.   *Secretos para aprobar a la primera*   74
      3.   *Un programa educativo de vanguardia. . .*   77

Sección B: Ejercicios de gramática   81
      1.   Verbos como "gustar"   81
      2.   Expresión de acciones reflexivas y recíprocas   82
      3.   Diferencias entre adverbios y adjetivos   82

    4.   Las condicionales   83
    5.   y/e/o/u   83

Sección C: Traducción al español   83
    Spanish can open up a whole new world

Sección D: Documento sonoro   84
    El programa Sócrates-Erasmus: Newcastle y Barcelona

Sección E: Temas orales   85

Capítulo 5: Los jóvenes

Sección A: Textos escritos   91
    1.   *El botellón*   91
    2.   *¿Cómo viven y en qué creen los jóvenes europeos?*   95
    3.   *La tuna; brindis a la vida bohemia*   99

Sección B: Ejercicios de gramática   103
    1.   Las construcciones comparativas y superlativas   103
    2.   Falsos amigos   104
    3.   Orden de las palabras   105
    4.   Verbos que presentan dificultades para los angloparlantes   105

Sección C: Traducción al español   106
    Slow Burn: A Century of Cumbia

Sección D: Documento sonoro   107
    Planes para salir de marcha

Sección E: Temas orales   108

Capítulo 6: El mundo del trabajo

Sección A: Textos escritos   113
    1.   *Instrucciones para utilizar la plantilla "CV Europass"*   113
    2.   *La ley de igualdad o falta de realidad*   118
    3.   *La otra cara de las uvas*   122

Sección B: Ejercicios de gramática   125
    1.   Expresiones de obligación   125
    2.   El artículo   126
    3.   Expresiones de tiempo   126
    4.   Conectores   127

Sección C: Traducción al español   128
    Motherhood can 'treble pay gap'

Sección D: Documento sonoro   128
    Experiencias laborales

Sección E: Temas orales   131

Capítulo 7: La ética y el medio ambiente

Sección A: Textos escritos   135
  1.   *La ciclovía bogotana es un símbolo sagrado de nuestra democracia*   135
  2.   *Reflexiones de un vagamundos sobre el Primer y el Tercer Mundo*   141
  3.   *En el ojo del huracán*   145

Sección B: Ejercicios de gramática   147
  1.   Giros idiomáticos   147
  2.   El uso y la omisión de la tilde   148
  3.   Partículas y construcciones comparativas diversas   149
  4.   La voz pasiva   149

Sección C: Traducción al español   150
    Examining our consciences

Sección D: Documento sonoro   150
    Las culturas indígenas y el medio ambiente

Sección E: Temas orales   152

Capítulo 8: La salud

Sección A: Textos escritos   159
  1.   *¿Vives o ves la tele?*   159
  2.   *Salud espiritual: cómo aprender a relajarse*   164
  3.   *La botica en casa*   168
  4.   *El sistema sanitario español*   171

Sección B: Ejercicios de gramática   174
  1.   Los pronombres relativos   174
  2.   Verbos correspondientes a definiciones   175
  3.   Verbos pronominales   175
  4.   Presente y pretérito imperfecto del subjuntivo   176
  5.   Giros idiomáticos   176

Sección C: Traducción al español   177
    Ham it up

Sección D: Documento sonoro   178
    El sistema de salud en Cuba

Sección E: Temas orales   179

Capítulo 9: La vivienda y el transporte

Sección A: Textos escritos   183
1.   *La vivienda como fuente de ingreso*   183
2.   *Anécdotas de vuelo*   188
3.   *Alquiler de vivienda en España*   192

Sección B: Ejercicios de gramática   194
1.   Por y para   194
2.   La preposición a   195
3.   El imperativo   196
4.   Indefinidos   196

Sección C: Traducción al español   197
Hot and cold in the tropics

Sección D: Documento sonoro   197
El programa de alquiler

Sección E: Temas orales   199

PRESENTACIÓN

Pasaporte al Mundo Hispano Segunda Edición es un libro diseñado para el estudiante universitario de segundo año de Filología Española que está preparándose para su año en el extranjero. Tiene como base el desarrollo de las destrezas lingüísticas de lectura, escritura, comprensión auditiva y expresión oral y utiliza herramientas básicas en el aprendizaje como la gramática y la traducción. El uso de materiales auténticos asegura la preparación lingüística y cultural para la estancia en un país de habla hispana utilizando textos escritos y documentos sonoros tanto de España como de América Latina, sin descuidar los aspectos prácticos por medio de materiales relacionados a la búsqueda de alojamiento, trabajo, y otros. El libro también puede serle útil a cualquier estudiante que tenga un conocimiento sólido de la lengua española.

Este libro es el resultado de la experiencia en la enseñanza de español de los diferentes autores provenientes de diversas regiones de habla española.

Los objetivos del libro

Al preparar los materiales, se tuvieron en mente tres objetivos principales:

1. **El desarrollo de los conocimientos de la lengua española**

    Una serie de textos escritos y audiovisuales auténticos forman el punto de partida del aprendizaje que junto con un enfoque metodológico muy comunicativo y la consolidación del área de gramática dan lugar a una compenetración profunda del lenguaje. Consideramos que si los estudiantes dominan bien las estructuras básicas de la lengua antes de su estancia en España o América, estarán menos ansiosos y podrán centrarse más en la pronunciación, la fluidez, el vocabulario, la expresión, etc., cuando vivan en un país de habla española.

2.   **El desarrollo de conocimientos lingüísticos más generales**

El estudio de cualquier lengua extranjera ofrece la posibilidad de desarrollar otras capacidades lingüísticas e intelectuales. Entre ellas, hemos tenido en cuenta la **traducción**, el **debate oral,** las **redacciones** y en cierta medida los **resúmenes** (otra técnica que hay que aprender, y que puede ser importante en la futura vida profesional de los estudiantes).

3.   **La ampliación de los conocimientos culturales**

A través del uso de materiales auténticos sobre temas de vigencia actual y provenientes de las diferentes regiones hispanohablantes y prestando especial atención a las expresiones idiomáticas y los coloquialismos se logrará un acercamiento a la cultura y a la realidad de diferentes países hispanohablantes.

Los criterios del libro

Para conseguir tales objetivos, hemos usado como criterio básico del libro la diversidad:

- **la diversidad del mundo hispano**
- **la diversidad de la lengua española**

El plan de estudios de la mayoría de las licenciaturas de Español o de Estudios Hispánicos y/o Latinoamericanos incluye tanto temas españoles como latinoamericanos, y en muchos casos los estudiantes disponen de un amplísimo abanico de ciudades y países en los que pueden pasar el tercer curso. Es imprescindible que entiendan algo de las diferencias entre las distintas partes del mundo hispano antes de decidir adónde van a ir, y que estén familiarizados con algunas de las diferencias entre el español peninsular y el de América. De ahí que nos hayamos asegurado de la diversidad de fuentes en la proveniencia de los textos y hemos dejado que esta diversidad en la lengua se refleje en los capítulos del libro en términos de variedad léxica.

La estructura del libro

Los nueve capítulos del libro están organizados temáticamente, en tres grupos. Los Capítulos 1–3 introducen la cultura, forma de ser, costumbres y tradiciones de la variedad de pueblos que conforman el mundo hispanohablante y pueden ayudar a los estudiantes a principios del curso con la selección del país y de la ciudad en la que van a vivir; los Capítulos 4–6 tratan temas de interés específico para el sector de los jóvenes, su presente y su futuro, etc.; y los Capítulos 7–9 representan asuntos de carácter general que pueden ser objeto de discusión en el día a día. No es necesario seguir este orden, ya que todos los capítulos contienen una mezcla de materiales fáciles y difíciles, y es probable que no se estudien todos los materiales en un curso académico.

Cada capítulo presenta la misma estructura:

1. **Textos**

   La primera sección se compone de diferentes tipos de documentos, algunos provenientes de la prensa, pero también hemos querido incluir una variedad textual que ayude al estudiante a familiarizarse con distintos tipos de registro y de estructuras. Así, además de artículos sobre temas relevantes del panorama hispano, se pueden encontrar relatos, cuentos, anécdotas, crónicas y folletos informativos, entre otros. Cada texto se acompaña de una explotación detallada de vocabulario, comprensión, gramática, práctica escrita y oral, etc.

2. **Ejercicios de gramática**

   Muchos de los ejercicios están basados en estructuras que aparecen en los textos escritos, y en estos ejercicios los estudiantes pueden centrarse casi exclusivamente en las estructuras gramaticales. Mediante estos ejercicios y la consulta de un libro de gramática, se espera que los estudiantes entiendan las estructuras y que reduzcan el número de errores que cometen, para que durante su estancia en un país de habla española empiecen a utilizar de forma espontánea las estructuras apropiadas.

3. **Traducción del inglés al español**

   Los textos seleccionados para esta sección (un texto por capítulo) cumplen una doble función; además de tratar puntos de interés para el estudiante, puesto que reflejan aspectos de la vida y la cultura de un hispanohablante, expresan ideas y conceptos no siempre fácilmente transferibles, por lo que el alumno puede practicar el uso de ciertas estructuras y formas de expresión diferentes.

4. **Documento sonoro**

   En el disco compacto que incorpora el libro viene recogida una serie de muestras de la variedad lingüística dentro del mundo hispanohablante. Se pueden encontrar desde variantes en el registro (formal y juvenil) a pluralidad regional (hablantes de distintos países) pasando por una diversidad en el formato del discurso. Mediante los ejercicios, que se pueden hacer en clase o individualmente, el estudiante mejorará la comprensión correcta del español hablado.

5. **Temas orales**

   En esta sección el estudiante puede encontrar diferentes recursos y técnicas que le ayudarán a desarrollar su fluidez y confianza a la hora de hablar. A través de

Pasaporte al Mundo Hispano

situaciones reales, debates, resolución de problemas y algún que otro juego se pondrán en práctica las estructuras y el vocabulario aprendido a lo largo del capítulo.

El criterio base utilizado durante la elaboración del presente ejemplar ha sido en todo momento la diversidad. Esta premisa ha quedado plasmada tanto en la metodología empleada, siempre tendiente a actividades comunicativas y en las que la fuente de aprendizaje es el propio estudiante y no un libro, como en el alcance de los temas que no se limitan al entorno peninsular sino que introducen al alumno al vasto y rico mundo latinoamericano. Debido al poder de seducción que América Latina está ejerciendo cada vez con mayor fuerza en el resto del mundo, es importante que los estudiantes se empapen de su lengua y cultura para sentirse así preparados en el caso de que decidan inclinarse por ese tipo de estudios. Mediante este libro, queremos que los estudiantes -tanto durante las clases como en sus estudios personales- lean, escriban, oigan y hablen español, y que se sientan cada vez más fascinados por la lengua y la cultura del mundo hispanohablante.

AGRADECIMIENTOS

Los autores de *Pasaporte al Mundo Hispano Segunda Edición* desean expresar su más sincero agradecimiento al catedrático John England (Sheffield University) y a Nuria González Oliver por habernos dado la oportunidad y el privilegio de escribir la nueva edición de *Pasaporte al Mundo Hispano* con el fin de adecuarla a las necesidades y al contexto del siglo XXI.

También agradecemos de manera especial a las siguientes personas y organizaciones por su permiso para reproducir sus materiales o para grabarlos en vivo para construir las Secciones A, C y D: Carlos Olmo (España), Luis Antonio Sánchez Zepeda (México), Sergio Camacho (compositor español); Alicia Palomo, Álvaro del Valle y Maribel Ramírez (de Andalucía), Bárbara Willis-Clarke (Cuba), Cecilia Dalrymple (Colombia), Christine Jeans, Wikipedia (Che Guevara), Enciclomedia, Teresa Tinsley, Cristina Castillo Colom y Natalie Reynolds (alumnas de la Universitat Pompeu Fabra de Barcelona), Peter Kellett, Patricia Oliart (Perú) y Agustín Fernández (Bolivia) *los tres* catedráticos de Newcastle University; y a © European Communities (por EURES: *European Employment Service,* el Eurobarómetro de la juventud y el *CV Europass*).

A los periodistas y amantes del arte de escribir: Ramiro Cristóbal y Marta Gómez de *Cambio 16,* Amando de Miguel, Maite Voces Calvo, Isabel Navarro, Thilo Hanisch Luque, Gregorio Gómez, Héctor Barbotta, José Luis Peñalva, José Aguilar, Fátima Cruz, Andrés Fraser, Ignacio Lillo, Luis Ortega, Francisco González y (al colegio Irabia donde trabajó), Jace Clayton, Lyn Reid de *Metro,* Vivion O'Kelly, Marcus Waring y Owen Thomas, por su generosa contribución.

Por último quisiéramos agradecer a Jenny Lovell y Colleen Coalter de la editorial Continuum por su esmerado trabajo editorial.

Samuel Anaya Guzmán
Cristina Quintana Blanco
Angela Uribe de Kellett

CAPÍTULO 1

EL OCIO Y LA CULTURA

Sección A: Textos escritos

1. Cine latinoamericano: lo que el público se perderá

La cinematografía de los países de América Latina es, en la actualidad, una de las más importantes del mundo. Emergente, forma parte de muchos festivales.

Poco a poco, el cine latinoamericano se está convirtiendo en una entidad cultural de referencia, de manera similar al llamado *boom* literario latinoamericano de la segunda mitad del siglo pasado.

Ha bastado un poco más de atención y sensibilidad por parte de los gobiernos de los países
5   de habla hispana y unos cuantos incentivos económicos, para que el cine del Río Grande para abajo estallara de forma inequívoca. Tan sólo unos datos recientes: Oso de Oro del festival de Berlín 2008 para la película brasileña *Tropa de Elite* de José Padilha; Premio Alfred Bauer a la película más innovadora y Premio de la Crítica Internacional en el mismo certamen alemán para la película mexicana *Lake Tahoe* del casi debutante Fernando Eimbcke; Premio del Jurado
10   en el pasado Festival de Cannes para la película *Luz silenciosa* de su compatriota Carlos Reygadas que además obtenía el premio 2007 de la Federación de la Prensa Internacional de Críticos de Cine.

En fin, en la memoria de todos están películas como *Nueve reinas* del argentino Fabián Bielinsky, desgraciadamente fallecido en plena creatividad, *Whisky* de los uruguayos Juan
15   Pablo Rebella y Pablo Stoll; *Estación Central de Brasil* y *Diarios de motocicleta* del brasileño Walter Salles; *La estrategia del caracol* del colombiano Sergio Cabrera; *Machuca* del chileno Andrés Wood; *En la cama* del también chileno Matías Bizé; o *Lista de espera*, *Guantanamera* y *Fresa y Chocolate*, del cubano Juan Carlos Tabío, estas dos últimas en colaboración con el veterano y gran realizador Tomás Gutiérrez Alea.

20   Los festivales dedicados al cine de América Latina están mostrando la rica veta que antes no era más que una intuición. Hace tan sólo diez o doce años estos certámenes –Huelva y Lleida, en España, La Habana en América Latina, Toulouse y Biarritz en Francia, Miami y Los

Angeles, en Estados Unidos etc.- conocían las dificultades de obtener un material de cierto nivel entre la raquítica producción de los países del área de su atención. Actualmente, la
25   dificultad está en elegir lo mejor entre la abundante oferta que se produce cada año.

Falta de apoyo

Sin embargo, muy pocos de estos títulos aparecerán en las carteleras comerciales españolas. Muy pocos distribuidores se echarán sobre las espaldas, unas películas que casi ninguna sala querrá comprar para su exhibición. No olvidemos que la situación real de lo que hay en los cines comerciales es la siguiente: un porcentaje cercano al 80 por ciento de películas
30   norteamericanas, entre un 10 y un 15 por ciento de películas españolas y un modesto 5 por ciento de lo que pasan las salas, se lo reparten entre el cine latinoamericano, el europeo y el del resto del mundo.

Esta situación tiene mucho que ver con la agresiva política comercial de los Estados Unidos sobre su producción cinematográfica. El cine se ha convertido en un sector estratégico en la
35   política comercial de los Estados Unidos. El balance comercial de Norteamérica en, por ejemplo, 1997 se saldó con un déficit de 113,7 miles de millones de dólares, mientras que la industria del Copyright, en particular el cine, cerraba el año con un balance positivo de más de 60.000 millones de dólares por delante de la agricultura, la aeronáutica y la industria del automóvil. Nadie tiene duda de que la invasión de los burger en Europa tiene mucho que ver
40   con el cine y que Coca-Cola, Ford, Chrysler y Nueva York serían otra cosa sin la pantalla grande.

Así, la dificultad que tienen países industrializados europeos, como Alemania, Italia o España, para competir con el cine norteamericano, adquiere cifras siderales cuando se habla de cine latinoamericano, sin fuerza política o económica para hacer frente al empuje de los
45   poderosos. Tan sólo la indudable calidad, creatividad y diversidad de sus producciones ha conseguido que lentamente se vayan viendo algunas de ellas en el llamado Primer Mundo. Queda mucho camino por andar pero de momento es hora ya de lamentar lo que se pierde el espectador por esta anómala situación y el robo cultural que se está realizando sin que sea nada fácil su solución. Quizás la creación de una cadena de salas estatales en las que sólo se
50   proyecte cine latinoamericano, sea un primer paso. En el Mercosur lo están estudiando muy seriamente.

Ramiro Cristóbal
Cambio 16 Grupo EIG Multimedia (artículo adaptado)

1.   **Antes de leer**

    1.   ¿Qué tipo de cine te gusta ver? ¿Por qué?

    2.   ¿Has visto películas latinoamericanas? ¿Cuáles y cómo te parecieron?

Explotación del texto

2. **Búsqueda de información**

Completa la siguiente tabla con la información del texto:

Película	Director	País	Premio
Tropa de Elite	José Padilha	Brasil	Premio Alfred Bauer.
Lake Tahoe	Fernando Eimbcke	México	Premio de la Crítica Internacional
Luz silenciosa	Carlos Reygadas	Francia	Premio del Jurado / Premio de la Federación de la Prensa Inter. de Críticos de Cine
Nueve reinas	Fabián Bielinsky	Argentina	
Whisky.	Juan Pablo Rebella y Pablo Stoll	Uruguay	
Estación Central de Brasil	Walter Salles	Brasil	
Diarios de motocicleta	Walter Salles	Brasil	
La estrategia del caracol	Sergio Cabrera	Colombia	
Machuca	Andrés Wood	Chile	
En la cama	Matías Bizé	Chile	
Lista de espera	J. C. Tabío y Tomás Gutierrez Alea		
Guantanamera	Juan Carlos Tabío Tomás Gutierrez Alea	Cuba	
Fresa y Chocolate	" "	Cuba	

3. **Comprensión**

Completa estas frases basándote en el texto:

1. El cine latinoamericano de hoy se ha comparado con …
2. La cinematografía de América Latina ha merecido …
3. Actualmente, la dificultad para los festivales de cine de esta región no es …
4. La verdadera razón por la que muchas de las películas latinoamericanas no se exhibirán en salas españolas es …

5. Se dice que gracias al dominio del mercado por parte de las películas norteamericanas …
6. La solución que proponen algunos países latinoamericanos para romper el monopolio consiste en …

4. **Exploración léxica**

a. **Terminología del cine**

Haz una lista, basándote en el texto, de la terminología relacionada con el cine según las categorías indicadas. Te damos un ejemplo de cada una.

Etapa de producción / Profesiones	Etapa de exhibición	Concursos
realizador	*película*	*certamen*

b. **Expresiones**

1. *Busca las siguientes expresiones en el texto y elige el significado correcto.*

    i. **tener que ver** ( )
        a. recomendación de un amigo
        b. obligación de los cineastas
        c. haber entre ellos alguna conexión, relación o semejanza.

    ii. **queda mucho camino por andar** ( )
        a. distancia que se va a recorrer
        b. hay mucho que hacer
        c. estar en vías de lograrse

    iii. **adquiere cifras siderales** ( )
        a. multiplicarse
        b. recibir grandes ganancias
        c. números relacionados con las estrellas

iv. **unos cuantos** ( )

    a. no se sabe la cantidad

    b. pocos, en número reducido de personas o cosas

    c. muchos

v. **se echarán sobre las espaldas** ( )

    a. las van a llevar ellos mismos

    b. caerse para atrás

    c. hacerse responsable de ello

2. *Escribe una oración con cada una de estas expresiones.*

5. **Gramática**

a. **Posición del adjetivo**

1. *Fíjate en los siguientes ejemplos del texto. ¿Puedes deducir en cuáles casos es alterable la posición del adjetivo?*

Cine latinoamericano

Gran realizador

Indudable calidad, creatividad y diversidad

Raquítica producción

Situación real

Sector estratégico

Política comercial

Rica veta

Anómala situación

Robo cultural

2. *Clasifica los ejemplos según si el adjetivo es antepuesto o pospuesto.*

Adjetivo antepuesto	Adjetivo pospuesto

3. *¿Podrías definir cuáles adjetivos pueden variar su posición y cuáles no?*
4. *Busca otros tres ejemplos de cada uno.*
5. *Busca ejemplos de sustantivos con dos adjetivos y fíjate en su posición.*
6. *Traduce los siguientes ejemplos e indica cuáles sólo pueden aparecer pospuestos.*

- a fizzy drink
- my dear friend
- fresh fruit and vegetables
- a great church
- a large church

- romantic novels
- a brilliant film
- Colombian music
- a railway bridge
- photographic paper
- the red car
- fine friend!

b.   *Explica el uso de '**nada**' en la línea 49*

6.   **Escritura libre**

Escribe una reseña breve de alguna de las películas mencionadas en el texto. Si no has visto ninguna escoge la última película que hayas visto.

2.   México Lindo y Querido

El lema turístico de México podría ser "Nunca tendrás carretes ni tiempo suficiente para verlo todo". Es un país enorme, casi 2 millones de kilómetros cuadrados, con más de 11.000 km. de costa en el Pacífico y en el Caribe, y todo tipo de orografía y bellezas naturales, y por supuesto, grandes diferencias Norte-Sur. En el Índice de Desarrollo Humano (IDH) de la
5   ONU está en el puesto 52 a nivel mundial.

En mi corto pero intenso recorrido, he estado tanto en el México más auténtico, el de los mayas que no hablan español, como en el más "gringo", donde tampoco hablan español. La principal diferencia que he notado desde la primera vez que estuve hace siete años son los precios, ya que la economía mexicana ha dado un *boom* demasiado rápido, y el TLC con los
10 Estados Unidos ha puesto su economía en gran parte dependiente del dólar, y del turismo gringo.

Escribo esto desde Cozumel, uno de los reductos gringos, hay hasta un Hard Rock Café; al menos espero que buceando, la principal razón de mi visita, no encuentre una discoteca. Una buena señal es que hoy nos han acompañado los delfines en el corto recorrido de 45
15 minutos en barco desde Playa del Carmen. Si lo que buscáis es playa, discos y "ambiente", México tiene lugares como Acapulco, Cancún, Veracruz, Puerto Vallarta, Playa del Carmen y Cozumel; pero por suerte existe todavía un México prácticamente virgen, al que es difícil llegar por su orografía montañosa, como Sierra Madre y Oaxaca, y otros lugares como Chiapas, al que os recomiendo que vengáis pronto, ya que se está convirtiendo en un destino
20 turístico, al menos los vendedores callejeros son los más persistentes que me he encontrado, yo les llamo "vendedores mosquito", porque no aceptan un "no, gracias" por respuesta.

Hay ciudades coloniales preciosas, como Mérida, Valladolid, y Campeche, pero sobre todo lo que más me ha gustado es la gente. Ver a las indias mayas en los mercados de Valladolid con

25 sus vestidos blancos, bordados de flores rojas, y con las "enaguas" asomando por debajo de la falda es un espectáculo. No es extraño que la palabra "campechano" en español defina a alguien cordial y amable, porque su origen está en los naturales de Campeche.

He visto la tremenda influencia que tiene la iglesia católica, con catedrales e iglesias diseminadas por todas partes, pero también he visto rituales religiosos mayas, que en un

30 alarde de sincretismo, toman elementos de su cultura milenaria y los mezclan con la parafernalia católica para crear un espectáculo hipnótico.

Cuando oigáis hablar de la violencia en México, de las "mordidas", etc., pensad que eso se suscribe principalmente a la capital, que con 25 millones de habitantes se ha convertido en una ciudad inhabitable. México tiene una red de carreteras, autopistas de pago y autobuses a

35 nivel (incluso en precio) del primer mundo.

Mención aparte tiene la cultura Maya, con sitios tan famosos como Palenque y Chichén Itzá. Aunque yo prefiero los lugares menos masificados y "restaurados", como Tikal y Tulúm, he visitado algunos lugares mayas que me han dejado impresionado por su entorno, como Yaxchilán y Chinkultic, y otros lugares ya mencionados como las Reservas de la Biosfera de

40 Sian Kaan y Boca Paila y de los Montes Azules, esta última en Chiapas, y que consta de más de 50 lagos, de los cuales visité 7, con nombres tan sugerentes como Laguna Ensueño, Encantada, Esmeralda, Agua Tinta, Montebello.

He viajado en una línea de buses que se llamaba "Sex", y mi decepción cuando monté fue que era el apócope de "Super Express". He soportado sobredosis de rancheras en algunos buses,

45 y en otros de música para gringos, aparte de mis perseguidores más tenaces, Julio Iglesias y José Luis Perales; he comido frijoles, guacamole y tortillas hasta hartarme, además de buenos pescados y mariscos en la costa, y he visto la influencia gringa en que a los restaurantes les llaman "luncherías", por lo de *lunch*, pero también he visto una taquería que se llamaba "Tacostumbras", nombre que todavía me hace reír cuando lo recuerdo. México tiene de

50 todo y en todos los extremos.

A punto de acabar mi etapa mesoamericana, que me ha llevado bastante más tiempo de lo previsto inicialmente (por algo he elegido el caracol como logotipo), y antes de dar el salto a Sudamérica, he decidido crear una nueva sección que ya podéis consultar, los premios Vagamundos, que reconocerán los mejores (y peores, que los ha habido) momentos vividos

55 en estos ya 117 días de viaje.

¡Hasta Pronto!

Carlos Olmo (artículo adaptado)
http://www.vagamundos.net

Notas

1. **México Lindo y Querido** (título)

   Éste es también el título de una canción popular mexicana.

2. **el IDH** (4)

   Es un indicador compuesto que mide el avance promedio de un país en función de: vida larga y saludable, acceso a conocimientos y nivel de vida digno.

3. **el TLCAN** (9)

   El Tratado de Libre Comercio de América del Norte conocido también por TLC, es un bloque comercial entre Canadá, Estados Unidos y México que establece una zona de libre comercio. Entró en vigor el 1 de enero de 1994.

4. **Cozumel** (12)

   (Cuzamil en maya yucateco: *Isla de las Golondrinas*) Es una isla mexicana, la tercera más grande y la segunda más poblada del país.

5. **Playa del Carmen** (15)

   Está localizada al sureste de México dentro de lo que se ha denominado la Riviera Maya. Su principal actividad económica es el turismo.

6. **el estado de Chiapas** (19)

   Está localizado en el sureste de México, es conocido por sus zonas turísticas, que incluyen atractivos naturales, ruinas de civilizaciones precolombinas, ciudades coloniales y la presencia de diferentes grupos culturales.

7. **la civilización Maya** (36)

   Habitó una vasta región ubicada geográficamente en el territorio del sureste de México con una historia de aproximadamente 3000 años.

8. **los frijoles** (46)

   Forman una parte de la dieta principal de los mexicanos. También se les conoce en otros países como frejoles, judías, porotos y alubias y son las semillas comestibles de la familia *fabaceae*.

9. **taquería** (48)

   Es un establecimiento donde se venden los tacos, platillo típico mexicano, hecho a base de tortillas delgadas de harina de maíz o trigo.

1. **Antes de leer**

   1. ¿Qué sabes sobre México?
   2. ¿Has estado allí alguna vez?
   3. ¿Qué te gustaría saber sobre este país latinoamericano?

Explotación del texto

2. **Comprensión, investigación y reflexión**

a. *Relaciona cada párrafo (A-I) con la frase u oración (1–9) más adecuada, insertando la letra del párrafo respectivo (A-I) en el paréntesis correcto:*

1. Consultad mi sitio de Internet ( )
2. Belleza cultural prehispánica y hermosura de la naturaleza mexicana ( )
3. Corrupción capitalina y mexiquense y desarrollo del transporte ( )
4. Ostentación del mestizaje religioso ( )
5. Datos generales del país ( )
6. Lugares turísticos y menos turísticos incluyendo comerciantes insistentes ( )
7. Descripción de ciudades cuyo estilo es una combinación de los elementos de los conquistadores españoles con los autóctonos ( )
8. Cultura musical y gastronómica variada ( )
9. Influencia lingüística y económica estadounidense ( )

b. *Contesta las siguientes preguntas:*

1. ¿Cuántos km^2 tiene México? Investiga cuántos Km^2 tienen España y el Reino Unido. ¿Dónde está en el IDH de la ONU? ¿Y España y el Reino Unido? Investígalo.
2. ¿Qué son los "vendedores mosquito" y dónde se encuentran?
3. ¿Qué se dice de la Biosfera de los Montes Azules?
4. Carlos bromea diciendo que se desilusionó al montar en un autobús llamado "*Sex*" ¿por qué; y por qué le hace reír aún "*Tacostumbras*" cuando lo recuerda?
5. ¿Por qué ha elegido el caracol como logotipo para su página de Internet?
6. ¿Qué sabes ahora sobre México que no sabías antes de estudiar este artículo?

3. **Traducción al inglés**

    Traduce el último párrafo.

4. **Vocabulario**

a. *Explica las siguientes palabras y frases en **negrita** en tus propias palabras:*

1. "Nunca tendrás **carretes** ni tiempo suficiente para verlo **todo**" (1–2)
2. El México **más auténtico** … y **el más "gringo"** (6–7)
3. Si lo que buscáis es playa, discos y "**ambiente**" (15)
4. "**campechano**" (26)

5.   … aparte de **mis perseguidores** más tenaces, **Julio Iglesias y José Luis Perales** (45–46)

b. *Empareja ambas columnas insertando la letra relativa a cada definición en el paréntesis correspondiente.*

1. **Logotipo** (h)

2. **Orografía** (e)

3. **Gringo** (f)

4. **Mesoamericano** (i)

5. *Boom* (l)

6. **Apócope** (a)

7. **Bucear** (k)

8. **Enaguas** (g)

9. **Ranchera** (b)

10. **Alarde de sincretismo** ( )

11. **Mordida** ( )

12. **Caracol** ( )

a. Supresión de algún sonido al fin de un vocablo; p. ej., *primer* por *primero*.

b. Canción y danza populares de diversos países de Hispanoamérica.

c. Ostentación de un mestizaje de elementos contrastantes.

d. Cantidad que pide un funcionario (en este caso podría ser un agente de tráfico) para dejarse sobornar.

e. Conjunto de montes y montañas de una región.

f. Extranjero, especialmente de habla inglesa, y en general hablante de una lengua que no sea la española.

g. Prenda interior femenina, similar a una falda y que se lleva debajo de ésta.

h. Distintivo formado por letras, abreviaturas, etc., peculiar de una empresa, marca o producto.

i. Perteneciente o relativo a Mesoamérica, región que los americanistas distinguen como de altas culturas, y cuyos límites se encuentran entre una línea que corre al norte de la capital de México, y otra que corta América Central por Honduras y Nicaragua.

j. Molusco terrestre o marino, comestible, de concha revuelta en hélice.

k. Nadar con todo el cuerpo sumergido.

l. Éxito o auge repentino de algo.

c. *Escoge **seis** palabras o expresiones de las secciones de arriba y forma una oración con cada una de ellas sobre México o tu país.*

5. **Gramática**

a. *Proporciona lo que se te pide en cada caso.*

Ejemplo: turismo / adjetivo ☞ turístico; enorme / antónimo ☞ pequeño

1. naturales / sustantivo☞
2. auténtico / sinónimo ☞
3. diferencias / antónimo ☞
4. diferencia / verbo ☞
5. el mundo / sinónimo ☞
6. estar / sustantivo ☞
7. corto / sinónimo ☞
8. principal / adverbio ☞
9. recorrido / verbo ☞
10. economía / adverbio ☞
11. México / adjetivo ☞
12. discoteca / apócope ☞
13. grande / apócope ☞
14. prácticamente / sustantivo ☞

b. ***¿Ser o estar?*** (Ver Butt & Benjamin, cap. 29)

1. *Localiza en el texto el primer uso de **ser**. Analízalo y explícalo.*
    *¿Por qué no se puede usar **estar** en este contexto?*
2. *Localiza en el texto el primer uso de **estar**. Analízalo y explícalo.*
    *¿Por qué no se puede usar **ser** en esta situación?*
3. *Explica la diferencia entre los siguientes términos con **ser** y **estar***

ser	estar
aburrido	aburrido
listo	listo
verde	verde
vivo	vivo

6. **Análisis y debate (oral/escrito)**

Prepárate con un compañero para un debate o para escribir una redacción defendiendo u oponiéndose a una de las siguientes declaraciones.

1. El IDH no es tan confiable como parece.
2. México y España: ¿descubrimiento, colonización o conquista?
3. Inglaterra es linda y querida.
4. Si quieres "ambiente" ve a Cancún.
5. Las diferencias Norte-Sur están más marcadas en México que en España (o que en el Reino Unido).

3. Crónica de la feria de Málaga

En el cuarto día de la feria, las agradables temperaturas permitieron que miles de ciudadanos disfrutasen de la mañana y la tarde en las calles de la ciudad. A diferencia de los días anteriores, ayer se observó un repunte en la asistencia al Centro, donde muchas familias al completo, con pequeños y mayores, pasearon y disfrutaron del ambiente. Un día de lleno
5   absoluto, pero sin agobios.

Nada más llegar a la Plaza de la Marina, se podía ver un río de gente salir de la caseta de Cruzcampo, cerveza en mano. Pero, por suerte, ayer las temperaturas fueron más soportables que en días anteriores. Un grupo de señoras ataviadas con el traje de flamenca

lo comentaban entre ellas, y es que estos atuendos pueden llegar a ser muy pesados de llevar
10   en días de calor. Sin embargo, no son muchas las personas que optan por vestirse de esta
guisa para la feria. La mayoría se conforma con camiseta de tirantes y pantalón corto, o
minifalda, en el caso de ellas.

Bajo la portada de calle Larios más de uno se paraba a observar las biznagas[1] que la adornan,
y se escuchaban comentarios entre la gente " ¡ Mira, pero si echa agua!", refiriéndose al agua
15   de jazmín que pulveriza. A lo largo de la calle, los puestos de "souvenirs" son parada
obligatoria para los visitantes. Las flores para el pelo, todo un éxito.

Ayer, la oferta musical era para todos los gustos. En la plaza de las Flores, un grupo de jóvenes
músicos animó al personal interpretando famosos temas de los años 60 y 70, desde los
Rolling Stones hasta Frank Sinatra.

20   Caminando hacia la plaza de la Constitución, una pareja baila un tango con los ojos cerrados,
dejándose llevar por la música. La gente hace corro para observar el espectáculo. Algunas
señoras se quejan de que obstruyen el paso a los viandantes. Sin embargo, cuando unos
jóvenes con ganas de marcha las sacan a bailar, su gesto cambia. " ¡ Estamos en feria, señores!",
exclaman.

25   Para los amantes de los ritmos andaluces, en las casetas de la Constitución las rumbas de
Melendi daban paso a las sevillanas, y entre palmas se escuchaba corear la más mítica "mírala
cara a cara que es la primera"[2]. Mientras tanto, una niña de corta edad intentaba dar sus
primeros pasos de baile vestida con un gracioso traje de faralaes.

A mediodía, las taperías de calle Granada y la plaza de Uncibay eran un hervidero de gente.
30   Y en la calle un reguero de personas con sombreros de colores y "litronas" de tinto en la
mano, bailaban al son de la música que salía de los altavoces colocados a las puertas de los
locales.

En definitiva, una feria para todas las edades la de ayer. Familias enteras se reunieron en la
calle, aprovechando la tregua que el calor ha dado a la ciudad. Nos acercamos al ecuador de
35   la semana, pero a la vista está que las ganas de fiesta no decaen.

Fátima Cruz
Diario SUR

Notas

1.	**biznaga** (13)	La biznaga es un ramillete en forma de bola hecho con flores de jazmín representativo de la zona de Málaga. En el festival de cine de Málaga se suele otorgar la biznaga de oro como premio a la mejor película.
2.	**mírala cara a cara que es la primera** (26–27)	Letra de una sevillana muy popular.

1. **Antes de leer**

    1. Averigua cómo se celebra una feria en España, ¿en qué consiste? ¿es típico de cualquier ciudad?
    2. ¿Conoces otras celebraciones que tengan lugar en Francia, Italia, Alemania…? ¿Cómo son?

Explotación del texto

2. **Comprensión**

a. *Une cada párrafo con la frase que mejor lo resuma.*

    1. Los turistas podían comprar recuerdos y admirar las decoraciones callejeras.
    2. El baile es una de las atracciones que, aunque puede ser molesta, todo el mundo goza.
    3. Uno de los días en que se observó mayor afluencia de gente gracias al clima suave.
    4. En feria se puede escuchar todo tipo de música.
    5. Todos disfrutaron del buen tiempo y aun siguen con ánimo para celebrar.
    6. El calor del verano no acompaña para vestirse a la manera tradicional.
    7. También se oyen sonidos típicamente sureños y las personas combinan la comida, la bebida y el baile en la calle.

b. *¿Verdadero o falso? Contesta verdadero o falso y corrige las que sean falsas.*

    1. Los malagueños celebran su feria en el centro de la ciudad por la noche.
    2. La ropa que eligen para ir de paseo suele ser ropa fresca.
    3. Los asistentes a la feria se quejaron por el agua que salía de las biznagas.
    4. A las señoras que se quejaban por la pareja tanguista no les gusta bailar.
    5. No importa la edad si te lo quieres pasar bien en la feria.
    6. Los locales de comida estaban muy concurridos a la hora del almuerzo.

3. **Vocabulario**

a. *Encuentra las distintas expresiones que se utilizan en el texto para hablar de los asistentes a la feria y que nos informan de su número tan elevado. Por ejemplo:*

    miles de ciudadanos…

b. *Explica las siguientes frases en tus propias palabras:*

    – ayer se observó un **repunte** en la asistencia al Centro…
    – un grupo de jóvenes músicos animó al **personal**…

– y entre palmas se escuchaba **corear** la más mítica…

– por vestirse de esta **guisa**…

c. *¡Vámonos de feria! La siguiente lista de palabras (proveniente del texto) es propia de cualquier feria. Únelas con su significado:*

1. **caseta** ( )   a. volantes o adornos que rodean algunos trajes regionales.

2. **sevillana** ( )   b. gran vaso de plástico que contiene bebidas alcohólicas.

3. **faralaes** ( )   c. construcción desmontable destinada a espectáculos.

4. **portada** ( )   d. baile popular proveniente de Cuba y adoptado en Andalucía.

5. **traje de flamenca** ( )   e. cante y baile muy típico del sur y especialmente de la feria.

6. **litrona** ( )   f. arco o pieza arquitectónica que sirve de entrada a un recinto.

7. **rumba** ( )   g. vestido tradicional usado en Andalucía.

4. El gerundio

Busca todos los ejemplos de gerundio que aparezcan en el texto. Ahora repasa el uso de esta forma verbal en español, ¿se utiliza en los mismos casos que en inglés?

5. Corrección

Fíjate en las siguientes oraciones y corrige sólo las que estén mal gramáticalmente:

1. Cuando llegué en el centro de la ciudad mis amigos me esperaban.
2. Alquilamos un coche de caballos por ver las calles engalanadas.
3. Algunas chicas ataviadas de flamencas dejaron que les sacásemos fotos.
4. Después encontramos nuestro profesor de español bailando rumba.
5. El que más nos gustó fue "pescaíto frito", que es una especie de *fish & chips* malagueño.
6. Había muchos jinetes por todas partes.
7. Si hubiésemos tenido más tiempo me habría encantado ir a algún concierto de verdiales.

6. Práctica escrita

Prepara una crónica sobre algún evento que hayas vivido recientemente, una celebración, una reunión familiar, un encuentro deportivo…

Sección B: Ejercicios de gramática

1. **SER y ESTAR con el participio pasado**

a. *Analiza las siguientes oraciones y decide si el grupo verbal expresa una acción o un estado e indícalo con una A o E.*

- Mercedes Sosa será recordada por la letra de sus canciones.
- La carta está escrita a mano.

b. *Ahora traduce el grupo verbal de las siguientes oraciones de acuerdo a los ejemplos.*

1. La imagen muestra cuando el actor _____ *is awarded* con un óscar.
2. La carta _____ *was written* por Josefa.
3. La situación _____ *is resolved*. Ya podemos comenzar.
4. Las dificultades _____ *were resolved* por el director.
5. La película _____ *was shot* en Quito por el equipo de rodaje.
6. La película _____ *is already shot*.
7. La novela _____ *is set* en Santiago de Chile.
8. El teatro _____ *was opened* por el mismo presidente.

2. **Los modos indicativo y subjuntivo en oraciones subordinadas**

a. *Estudia las oraciones de los diferentes textos que contienen las siguientes formas verbales y explica por qué se usa el indicativo o el subjuntivo:*

1. **Cine**	2. **México**	3. **Málaga**
estallara (6)	hablan (7)	disfrutasen (2)
tiene (39)	encuentre (13)	optan (10)
sea (50)	vengáis (19)	intentaba (27)

b. *A continuación forma oraciones coherentes usando elementos de las tres columnas teniendo muy en cuenta el tipo de subordinador que uses. Asegúrate de proporcionar la forma correcta del verbo subordinado.*

Cláusula principal	Subordinador	Cláusula subordinada
El viajero estaba cansado	para que	*darsele* cabida en salas estatales
Llevaré el abanico	así que	*entregarlo*
No podrás empezar una familia	de modo que	*ir* conociendo diferentes culturas
Las familias se ausentaron de la feria	antes de que	*estar* todo el día en la calle
El premio sirvió	mientras	las mujeres *llevar* ropa ligera

Cláusula principal	Subordinador	Cláusula subordinada
No me dijiste nada	puesto que	*incentivar* la industria
El calor era muy fuerte	sin que	*terminar* el rodaje
No puedes volver de México	cuando	el calor *ser* inaguantable
El cine latinoamericano florecerá	mientras	*visitar* los monumentos mayas
El director falleció	a fin de que	*dormirse* enseguida
Tú insististe en ponerte el traje	puesto que	*hacerse* muy famoso
Carlos escribe sus experiencias	cuando	no *quejarse*
Se eliminarán los impuestos a películas nacionales	de modo que	*seguir* viajando tanto

3. **El gerundio**

   Teniendo en cuenta las diferencias de uso del gerundio entre el inglés y el español decide qué forma se debe usar en las siguientes oraciones:

   1. La manera en que el gobierno puede ayudar a la industria cinematográfica nacional es *eliminar / eliminando* algunos de los impuestos.
   2. *Ser / Siendo* México y Estados Unidos países vecinos el Tratado de Libre Comercio tiene lógica.
   3. Al *advertir / advirtiendo* que hacía menos calor la gente inundó las calles.
   4. Poco a poco se van *ver / viendo* más películas latinoamericanas en las salas europeas.
   5. El viajero encontró un sitio ideal para descansar *dejarse / dejándose* llevar por la música.
   6. La niña comenzó a bailar sin *pensarlo / pensándolo*.
   7. Cada vez estás *bucear / buceando* por más tiempo.
   8. El director viene *buscar / buscando* jóvenes que tengan potencial como actores.
   9. *Bailar / Bailando* en la feria es lo que me motiva.
   10. Vi a los indígenas *sentándose / sentados* en la plaza mientras vendían sus artesanías.

4. **Puntuación y ortografía**

   Tu jefe te ha pedido que corrijas este mensaje antes de enviarlo.

From:	Joe Bloggs
To:	Estudios Nueva Frontera
Date sent:	20 Septembre 2012
Subject:	Solicitud de información
Priority:	Normal

Estimados Señores,

Nos dirigimos a usstedes para solicitor que nos envien su catalogo de pefoculas ademas de informacion sobre precios y forma de envoi de las mismas.

El comité cultural del Ayuntamiento esta organizando un minifestival de cine latinoamericano para la apertura de las nuevas salas de cine de la cinemateca de la ciudad. Les regamos que nos provean la siguiente informacion:

Cuales peliculas estarian disponibles para los meses de Abril y Mayo del ano entrante?
Tienen ustedes precios especiales para organizaciones sin animo de lucro?
Con cuanto tiempo hay que reservar las peliculas? Que deposito requieren uds.?
Qn que moneda hay que hacer los pagos?

Yo visitare La Habana el proximo mes del lunes 7 al viernes 11 y seria muy conveniente poder visitarlos. Podriamos acordar una cita conveniente para ambas partes?

Me urge hacer la programacion del festival por lo tanto les agradeceria una pronta respuesta!

Los saluda atentamente

Joe Bloggs

Sección C: Traducción al español

The lessons of Easter (extract)   *la perspicacia*

For many people of my generation, Easter meant only one thing – tasty chocolate eggs and sweet treats that we would be given by the kilo from family and friends. Of course, there was also a religious component to the holiday as well. Jesus Christ Superstar, for example, would be on television along with some of those older Hollywood epics like Charlton Heston in The Ten Commandments but, by and large, our Easter was a secular one, centred on solid chocolate-fuelled gluttony, a large dinner and a few days away from school.

Hence, imagine the surprise when I first came to Spain and experienced the passion of Semana Santa (as it is known) some years ago. In much of the country the holiday actually takes precedence over the celebration of Christmas in both religious and celebratory importance. Semana Santa offers an interesting insight into modern Spain and popular religion within a recently *de la* secularised country.

It is religious and secular at the same time; it is a wonderful mix of faith and fiesta that the Spanish do so well.

What is interesting is the amount of people who participate in these processions even though Spain has become one of the most secular countries in Europe over the last few decades. The divorce rate increases, the birth rate has dropped, regular church attendance is something on the decline but the magic of Semana Santa continues to remain important to Spaniards, and in a way that is more profound than the fact that it is often the first long weekend with good weather. It would be a chance to enjoy a few days away from big city problems, play with the children and enjoy some religious pageantry as well.

The spectacle is not confined just to larger cities like Málaga and Sevilla but also takes place throughout all of Spain and each town has its own special, local charm. It gives many expatriates a chance to experience real Spanish culture at the local level. The number of people that I know who participate in the festivities never fails to surprise me; be it as one of the costaleros (the porters who carry the tronos) or in one of the many other roles like the high-school teenagers who play in the many brass bands. It can be really enjoyable to sit back at a pavement café and watch the pageantry unfold.

Owen Thomas
Editorial Manager

Reprinted with permission of
The Euro Weekly News,
Malaga, Spain

Sección D: Documento sonoro

Lejos del mar (canción) (03:59)

Vas a escuchar una canción que se titula "Lejos del mar", compuesta por Sergio Camacho e interpretada por la Tuna de Ingenieros Navales de Madrid. Así podrás escuchar cómo son las típicas canciones de tuna.

1. **Antes de escuchar**

    1. Después de leer el título y con la información que te damos arriba, ¿puedes imaginar de qué trata la canción? ¿Por qué tiene ese título? Recuerda que los que cantan son estudiantes.

    2. Si algo está claro es que la canción habla del mar. ¿Cuántas palabras recuerdas en español que estén relacionadas con el mar? Trabajad en parejas. En un minuto a ver quién anota más palabras.

2. **La canción**

a. *Aquí tienes la letra de la canción pero faltan algunas palabras. Imagina qué puede corresponder en cada hueco. La rima puede ayudarte a veces.*

Lejos del mar, quiero cantar, dejo mis sueños _____ (x 2)

Cantos que vagan por el mundo
Con el _____ que ellos quisieron marcar
Que no saben de fronteras
Pues vienen de un lugar
Que no entiende _____
Pues fueron _____ en la mar

Somos la Tuna de la Ingeniería Naval
Somos _____ en el arte de trovar
Y aunque el mar no nos pille muy a mano
Nuestros sueños no son de secano.

Somos la tuna, la Tuna de Navales
Voces que _____ el río Manzanares
Y aunque nos falte el arrullo del mar
Traemos canciones con gusto a _____ y a _____.

Lejos del mar, quiero cantar, dejo mis sueños _____ (x 2)

Voy esta noche de ronda en mi Madrid
Hoy mis canciones _____ siempre hacia ti
Si en la carrera mucho hay que estudiar
Yo en tus besos me quisiera _____.

Haces que mis sentimientos bañe de _____
Con este canto que inspiráis el mar y tú
El ritmo; las olas, el coro; el coral
La letra tus ojos que me hacen _____.

Lejos del mar, quiero cantar, dejo mis sueños _____ (x 3)

b. *Ahora escucha la canción y escribe lo que realmente cantan al lado de lo que has escrito tú.*

c. *Rodea con un círculo todas las palabras relacionadas con el mar que aparecen en la canción. ¿Hay alguna que tengas en tu lista del ejercicio 1.2?*

d. *Encuentra en la canción dos ejemplos del uso de la palabra "mar" que tengandiferente género. ¿Por qué crees que existe esta variación?*

e. *¿Puedes explicar la siguiente estrofa?*

"Y aunque el mar no nos pille muy a mano
Nuestros sueños no son de secano."

3. **Ahora tú**

Esta canción es una especie de himno para los ingenieros navales de Madrid. ¿Seríais capaces vosotros de escribir un himno para vuestro colectivo de estudiantes? ¿Qué temas trataría, qué vocabulario usarías? Trabajad en grupos.

Sección E: Temas orales

1. **La televisión**

a.   *¿Crees que todo vale en la televisión? Hace algún tiempo se estrenó en una cadena de televisión holandesa un concurso en el que tres enfermos renales competían por un riñón donado por una enferma terminal. Este programa causó un gran revuelo puesto que la mayoría pensaba que se habían transgredido los límites, y que conceptos como "muerte", "enfermedad" y "dolor" poseen un contenido ético inseparable de la dignidad humana.*

Este programa no ha sido el único caso polémico en la historia de la televisión. Presta atención a los siguientes ejemplos de "telerrealidad".

Mudanza pija: La cadena NBC pagó más de 15 millones de dólares a los Beckham por seguir su traslado a Los Ángeles.	**"¿Quién quiere casarse con un millonario?":** 50 chicas lucharon por casarse con un acaudalado joven en el "reality" de la Fox.	**"La fábrica del miedo":** Este clásico estadounidense forma parte de los llamados "realities" de humillación e incluye pruebas como soportar escorpiones sobre la cara.
La vida sencilla: Paris Hilton quiso satisfacer su notoriedad participando en este programa, donde los espectadores podían seguir su disipada vida. Además, le han ofrecido ser el premio de "Territorio Virgen", donde participan chicos sin experiencia sexual que competirían por desvirgarse con ella.	**Haciendo el mono:** En China han dado una vuelta de tuerca al género al poner en marcha un programa en el que los concursantes tenían que convivir con los primates en una jaula del zoo de Xian. Para ganarse parte del sustento se veían obligados a hacer monerías, de modo que los visitantes les obsequiasen con golosinas.	**"Miss Ability" (Miss Capacidad):** El canal holandés NL2 emitió este programa, donde se elegía a una reina de la belleza en silla de ruedas. Hubo pases de bañador y todo.

- ¿Qué te sugieren los casos expuestos? ¿Te parece que son escandalosos o inocentes?
- Ordénalos en un ranking y explica cuáles han sido tus criterios y por qué consideras ese orden el correcto.
- ¿Puedes dar algún ejemplo de televisión que te haya llamado la atención personalmente por su atrevimiento?

b. *Piensa en estas dos afirmaciones y discútelas con un compañero:*

- Cada vez más, la gente que hace televisión tiende a pensar que cualquier cosa está permitida, especialmente si proporciona audiencia.
- La televisión tiende a ser menos periodismo y más espectáculo y ha dejado de ser un medio de comunicación tal y como podíamos entender esa fórmula.

c. *Después, podéis organizar un debate con las ideas que hayan surgido.*

d. *En grupos de cuatro o cinco vais a imaginar cuál sería el guión de alguno de los siguientes programas:*

Operación Triunfo – Ven a cenar conmigo – Supermodelo – ¿Qué apostamos?

Pensad en cuál puede ser el tema, qué pruebas tienen que superar los concursantes y qué premios obtendrán. Después podéis hacer una representación para la clase para ver una demostración.

2. **La cocina**

a. *Aquí tienes dos recetas de cocina de un plato español: el pisto manchego, y otro plato colombiano: el sancocho. Estos son los ingredientes para cuatro personas:*

1. Pisto manchego	2. Sancocho
1 kilo y ½ de calabacines	14 tazas de agua
500 gramos de pimientos verdes	1 gallina grande despresada
1 kilo de cebollas	1 libra de cola de res picada
1 kilo de tomates	2 tallos de cebolla larga enteros
Sal, a gusto	2 cebollas cabezonas peladas y picadas
Una pizca de azúcar	2 tomates verdes pelados y picados
3 cucharadas de aceite de oliva	4 plátanos verdes
4 huevos	1 libra de yuca pelada y picada en trozos
	5 hojas de cilantro
	Sal, pimienta y cominos al gusto
	2 cucharadas de cilantro picado

Y aquí están las recetas, pero mezcladas. Trabaja con un compañero para separar y obtener las instrucciones en el orden correcto para ambos platos. Los ingredientes te pueden ayudar.

1. Pela los tomates y córtalos en cuartos. Pela los calabacines y córtalos en cuadraditos, quitándoles las semillas.

2. Saque la cebolla entera, añada la yuca y deje cocinar por 20 minutos. Añada luego sal, pimienta, comino, color y cilantro.

3. Rehoga bien, sala a gusto, agrega la pizca de azúcar y cocina tapado a fuego bajo hasta que esté muy tierno, vigilando que no se seque.

4. Haga un picadillo con las cebollas largas, los tomates verdes y las cebollas cabezonas, macháquelas y ponga a hervir en el agua con la cebolla larga entera, la cola de res y la gallina. Tape la olla y lleve a fuego alto por una hora.

5. Pon el aceite en una cacerola y fríe allí la cebolla finamente picada. Luego añade los pimientos y los calabacines.

6. Conserve a fuego lento por 10 minutos y sirva. Rocíe con cilantro. Y todo listo para degustar un delicioso sancocho vallecaucano.

7. Agregue el plátano pelado y partido en el momento de agregarlo al caldo. Baje a fuego medio, tape y deje cocinar por 30 minutos.

8. En caso de que se seque, añade un chorrito de agua o caldo de verduras. Sirve caliente con un huevo frito de acompañamiento.

b. *Ahora tú. ¿Sabes cocinar? ¿Cuál es tu plato favorito? Cuéntale a tu compañero cómo se hace, incluyendo todos los ingredientes y datos necesarios.*

c. *Por último, una receta un poco diferente. Léela con un compañero.*

Ingredientes para tener éxito:

20 kilos de suerte	una pizca de talento
15 kilos de ayuda de tu familia	una idea original
5 años de aprendizaje y educación	3 kilos de energía
10 cucharadas de buena conversación	2 amigos ricos

Mezclar todos los ingredientes y dejar reposar durante varios años.

Discute con un compañero sobre lo que se necesita para tener éxito en la vida. ¿Cuál te parece el ingrediente más importante de la lista? ¿Y el menos importante? ¿Cuál es tu idea de éxito?

3. **El cine**

a. **El argumento de la película**

– *En parejas: ¿conocéis las películas* **Mar adentro** *y* **Martín (Hache)**? *A partir de los títulos imaginad de qué pueden tratar estas películas.*

– *Uno de vosotros es estudiante A, y el otro, estudiante B.*
   Aquí tienes la sinopsis de ambas películas. Pero falta información. Para completar los

*datos que necesitas, hazle preguntas a tu compañero (B) que tiene las respuestas (texto del
estudiante B al final de esta sección). Después B le hará las preguntas a A para completar
sus textos. Escribe las preguntas primero.*

ESTUDIANTE A

Mar adentro

Ramón lleva _____ postrado en una cama al cuidado de su familia. Su única
ventana al mundo es la de su habitación, junto al mar donde sufrió el accidente que
interrumpió _____. Desde entonces, su único deseo es _____. Pero su
mundo se verá alterado por la llegada de Julia, la abogada que quiere apoyar su lucha,
y Rosa, una mujer del pueblo que intentará _____. Ramón sabe que sólo la
persona que de verdad le ame será la que le ayude a _____.

Martín (Hache)

Martín Echenique es un director de cine, nacido en _____, que lleva viviendo
más de _____ en Madrid. Detesta su país, quizá por _____. Y, por
ello, se niega a recrearse en la nostalgia y no quiere _____. Pero la
llegada desde _____ de Martín (Hache), su hijo, le obligará a enfrentarse a sí
mismo.

b. **Comentario de películas**

— *En grupos: recuerda alguna película que hayas visto (si es española o latinoamericana,
mejor) y te haya gustado mucho o, al contrario, te haya parecido malísima. Intenta
resumir brevemente el argumento, sin decir el título ni nombres propios, y también da tu
opinión sobre la misma. Se trata de que tus compañeros averigüen de qué película se
trata.*

Algunas expresiones útiles, todas ellas bastante informales:
(Nota: algunas no son "gramaticalmente" muy correctas, pero se utilizan
muchísimo, especialmente entre gente joven, así que creemos que es
interesante incluirlas aquí.)

Te partes de risa/te mueres de pena
¡ Es un peliculón/alucinante! ¡Qué pasada de peli!
Tiene escenas muy fuertes
Mola mucho/es genial/es preciosa
Es un rollo/un rollazo
Es horrible/pretenciosa/falsa/una americanada
Es aburrida/una tontería

Pasable/normalita/corriente

Tonta/no es para tanto/no es ninguna maravilla/se sale de lo corriente

Subtitulada/doblada/histórica/de risa/de ciencia-ficción/de miedo/dramón sentimental

Melodrama/comedia de enredo/un culebrón/un musical/un éxito/un fracaso/un clásico

Director/realizador/productor/protagonista/actor/actriz/guión/una adaptación

La ambientación/la fotografía/el tema/el argumento/el decorado/la cámara/la banda sonora/los efectos especiales/rodar/proyectar/el estreno/tener buena o mala crítica

— *Por último, utilizando estas expresiones y otras que se te ocurran, intenta convencer a tus compañeros para ir al cine contigo a ver la película que tú quieres.*

4.   **Encuentros**

Imagina que estás en un aeropuerto esperando a que salga tu vuelo y te encuentras con tu amigo de la infancia que hace años que no ves. Los dos ibais al mismo colegio. Uno de vosotros es estudiante A y el otro es estudiante B. Fijaos en lo que cada uno de vosotros le dijo al otro cuando erais jóvenes:

Estudiante A le dijo a B:	Estudiante B le dijo a A:
Me iré de casa a los 17 años.	Estudiaré en la mejor universidad.
Seré un cantante famoso.	Seré un importante neurocirujano.
Me mudaré a vivir a los EE.UU.	Me casaré dos o tres veces.
Le compraré a mis padres una casa lujosa.	No tendré hijos.
Me casaré con una actriz.	Salvaré la vida a muchas personas.
Tendremos cinco hijos.	Escribiré varios libros de medicina.
Ganaré un premio Grammy.	Me compraré un Ferrari.
Tendré mi propio club de fans.	Ganaré un premio Nóbel.
Me compraré un yate.	Me tiraré desde un avión en paracaídas.
Seré millonario.	Seré millonario.

Cada estudiante tendrá que subrayar cinco planes que se hicieron realidad en su vida.

Se trata de que os preguntéis mutuamente sobre lo que soñabais cuando erais pequeños para averiguar quiénes sois actualmente. Habrá que usar la imaginación e inventar explicaciones de por qué vuestros sueños no se cumplieron.

Por ejemplo:

Estudiante A - ¿Te acuerdas cuándo soñábamos con ser millonarios?

Estudiante B – (Mira su lista y comprueba que no es uno de sus planes cumplidos, así que tiene que decir lo que pasó) Sí, bueno, al final yo me quedé más pobre que antes, después de tanto divorcio…

APÉNDICE DEL CAPÍTULO 1 SECCIÓN E

Ejercicio 2 a (El orden correcto es: pisto 1,5,3,8; sancocho 4,7,2,6)

Ejercicio 3 b

ESTUDIANTE B

> **Mar adentro**
> Ramón lleva 30 años postrado en una cama al cuidado _____. Su única ventana al mundo es la de _____, junto al mar donde sufrió el accidente que interrumpió su juventud. Desde entonces, su único deseo es terminar con su vida dignamente. Pero su mundo se verá alterado por la llegada de _____, la abogada que quiere _____, y Rosa, una mujer del pueblo que intentará convencerle de que vivir merece la pena. _____ sabe que sólo la persona que de verdad le ame será la que le ayude a realizar ese último viaje.
>
> **Martín (Hache)**
> Martín Echenique es un _____, nacido en Buenos Aires, que lleva viviendo más de veinte años en _____. Detesta su país, quizá por lo mucho que lo ha amado. Y, por ello, se niega a _____ y no quiere reencontrarse con su pasado. Pero la llegada desde Argentina de Martín (Hache), su hijo, le obligará a _____.

CAPÍTULO 2

LA SOCIEDAD

Sección A: Textos escritos

1. Merecemos un lugar en la ciencia

La vida laboral de una científica es una carrera de obstáculos que ha de sortear si quiere hacerse visible.

Aunque cada vez hay un mayor número de mujeres científicas, muchas siguen siendo casi invisibles, y pocas llegan a puestos de responsabilidad. La bioquímica Carmen Vela – un caso poco frecuente- es la directora general de Ingenasa, una empresa dedicada a la investigación biotecnológica orientada al desarrollo de vacunas. Para una mujer, la ciencia puede ser una

5   carrera de obstáculos y, no obstante, las que apuestan por su vocación, como Carmen Vela, creen que merece la pena: "Durante muchos años mi tiempo se ha reducido a mi trabajo y a mi familia, así que la única opción era divertirme mucho con mi familia y divertirme mucho con mi trabajo, y por suerte lo he podido hacer."

Más del 60% de los que terminan una carrera universitaria en España son mujeres. Tienen

10   mejores notas y, sin embargo sólo suman un 38% de los científicos. Según un informe de la Fundación Española para la Ciencia y la Tecnología, esto ocurre por la resistencia a romper moldes tradicionales y que las empresas contraten mujeres, así como por la baja autoestima de éstas, que, según el informe, se debe "a la falta de confianza social, de la familia y de algunos docentes".

Un trato desigual

15   Mientras que en las áreas de ciencias de la vida más del 70% de los investigadores son mujeres, apenas un 15% alcanza cargos de responsabilidad. Las mujeres ocupan la mayoría de los puestos de auxiliares y ayudantes, y realizan gran parte de las investigaciones. Pero son los hombres quienes consiguen los puestos de responsabilidad y gestión. En las universidades sólo un 34% de los profesores titulares y un 13% de los catedráticos son mujeres. Ante esto,

20   Carmen Vela se pregunta: "¿Cómo se puede explicar que mientras que el 70% de las

licenciadas en Medicina son mujeres, y además con los expedientes más brillantes, sólo haya cuatro catedráticas de cada setenta? Es evidente que existe discriminación". En Ingenasa las mujeres constituyen el 75% de la plantilla. "Es la proporción natural que refleja la realidad social. Terminan antes y mejor la carrera. Por cada hombre nos llegan tres mujeres con

25 buenos expedientes. Aquí no discriminamos a nadie".

El techo de cristal

Según un informe de la UNESCO, la carrera de las mujeres científicas está llena de trabas aparentemente insignificantes pero que, cuando se acumulan, crean un entorno hostil que disuade a muchas de ellas de investigar. "Las mujeres disponen de menos recursos presupuestarios, les es más difícil obtener los servicios del personal de apoyo, se ubican en

30 los despachos que están más lejos, carecen de acceso a redes de "iniciados" en las que obtener información y no disponen de un grupo de mentores equivalente al de sus colegas varones a quienes pedir asesoramiento y apoyo". En esto consiste el invisible techo de cristal, que también pone de relieve Carmen Vela: "Si tienes cosas que hacer no puedes estar de charla con los amigos después del trabajo; si no estás de charla con los amigos, no estás en

35 el club donde se deciden las cosas; si no estás en ese club, no estás en los tribunales; si no estás en los tribunales, nadie habla por ti". "A veces son cosas tan simples -comenta Mara Dierssen- como que convoquen las reuniones cuando saben que tienes que ir a recoger a los niños".

Dos varas de medir

Para Flora de Pablo, profesora de investigación del CSIC, "hace falta estar muy segura de

40 cuáles son tus derechos, de aquello que has ganado con tu esfuerzo, y atreverte a reclamarlo. Como estudiante no tuve ninguna dificultad, pero en cuanto empecé a competir con colegas varones por plazas, empezaron las trabas "extra", la falta de apoyos, etc. Como estudiante recibes el mismo trato, pero si te pones a competir por espacio, colaboradores, plazas… entonces notas las dos varas de medir".

45 Ante tal situación, en la Unión Europea, en el CSIC y en el Ministerio de Educación han creado comisiones para hacer visibles a las mujeres científicas y adoptar medidas para que puedan competir en igualdad de condiciones. Las propias científicas han creado la AMIT (Asociación de Mujeres Científicas y Tecnólogas) para apoyarse unas a otras. "Pretendemos estimular a las mujeres para conseguir tolerancia cero con las situaciones de injusticia. Los

50 hombres, no nos engañemos, apoyan a sus colegas varones. En este momento, en algunos puestos en las universidades y en las promociones del CSIC están avanzando algunos hombres mediocres, quedando desplazadas de ese modo mujeres bien preparadas". En la UE se ordena por ley establecer cuotas para equilibrar la balanza: se quiere conseguir hasta un 40% de presencia femenina en los organismos de decisión.

Discriminación positiva

55 "No nos queda más remedio que aceptar que a la verdad hay que ayudarla con mecanismos

que compensen la realidad", comenta Vela. "Es inevitable que existan cuotas que aseguren la presencia de la mujer para compensar todos los obstáculos que ponen trabas a su carrera sólo por ser mujeres. La mujer científica está siempre luchando contracorriente, se le exige un sobre esfuerzo enorme, y eso hay que corregirlo".

Maite Voces Calvo
Revista Unica, ed. n° 36

Notas

1. **UNESCO** — La Organización de las Naciones Unidas para la Educación, la Ciencia y la Cultura.

2. **CSIC** — Consejo Superior de Investigaciones Científicas.

3. **profesor titular** — En el sistema universitario español, un **titular de Universidad** es un profesor que tiene un doctorado en la materia que enseña.

4. **profesor catedrático** — Un catedrático es un experto en un tema específico que enseña sobre dicha especialidad de una carrera. Además de enseñar, también dirige investigaciones y divulga sus trabajos a través de libros y conferencias.

1. **Antes de leer**

   1. ¿Cuál fue tu experiencia en la escuela? ¿Se animaba a las chicas a estudiar ciencias o se asumía que era una asignatura para los chicos?
   2. ¿Tus profesores de ciencias eran hombres o mujeres?

Explotación del texto

2. **Vocabulario**

   Escoge un sinónimo entre las palabras del recuadro que explique cada una de las expresiones del texto:

~~impedimentos~~	~~destacar~~	~~elegir~~	~~inevitablemente hay que~~
~~inoculaciones~~	~~dirección~~	~~empleo~~	~~exigir algo~~

   1. vacunas — *inoculaciones (vaccines)*
   2. **apostar por** — *elegir (choose)*
   3. gestión — *dirección*
   4. cargos — *empleos*
   5. trabas — *impedimentos (problems)*

6. **poner de relieve** *destacar (highlight)*
7. reclamarlo *exigir algo*
8. no nos queda más remedio *inevitablemente hay que*

3. **Búsqueda de información**

a. *Completa la tabla con los porcentajes que se citan en el texto*

	Porcentaje de mujeres %
Licenciadas (en España)	
Científicas	
Investigadoras en Ciencias de la vida	
Investigadoras con cargos de responsabilidad	
Profesoras titulares	
Profesoras catedráticas	
Licenciadas en Medicina	
Catedráticas en Medicina	

b. *Anota lo que dice el texto respecto a lo siguiente:*

1. Preparación académica de la mujer
2. Razones para la existente desigualdad de oportunidades para la mujer en el campo de las Ciencias
3. Razones por las que la proporción de hombres y mujeres es diferente en Ingenasa
4. Realidad del techo de cristal para las mujeres
5. Medidas que deben tomar las mujeres
6. Medidas tomadas por la UE
7. Argumento a favor de la discriminación positiva

4. **Gramática**

a. **Los números**

1. *Escribe todas las cifras citadas en el texto junto con las palabras o expresiones que las acompañan y formula una regla a seguir respecto a los porcentajes en español.*

   Regla:

2. *Escribe en letras las siguientes cifras y léelas en voz alta:*

4 x 4	3.250.614 *3 millones, doscientos cincuenta mil,*
12/10/1492	1/2 *un medio, seiscientos catorce.*
20:30	9.5% *la mitad*
12:15	Avda. 4ª *avenida cuarta*

3.   *Traduce al español las siguientes frases*:

    i.   Spain has 46,063,000 inhabitants.

    ii.   Spain's population density at 91.4/km²(229/sq. mile), is lower than *baja*
       that of most Western European countries. *países de la oeste de Europa* *la mayoría*

    iii.   More than 60 indigenous languages are spoken today in
       Colombia. *indígenas* *se hablan*

    iv.   The urban population of Colombia increased from 31% of the total *población* *aumentó desde*
       population in 1938 to the current figure of 77%. *hasta* *cifra*

    v.   Waves of immigrants from many European countries arrived in *olas*
       Argentina in the late 19ᵗʰ and early 20ᵗʰ centuries. *afinales* *aprincipios* *siglo diecinueve/veinte*
       llegó

    vi.   Argentina has the largest Jewish population in Latin America
       numbering around 250,000. *cerca de*

b.   **La preposición *por***

*Explica el uso de la preposición **por** en las siguientes oraciones:*.

… esto ocurre **por** la resistencia a romper moldes … (11–12)
… nadie habla **por** ti. (36)
… empecé a competir con colegas varones **por** plazas … (41–42)

⑤. **Tus opiniones**

    1.   ¿Crees tú que la política de la discriminación positiva es una manera válida
       de igualar las oportunidades?

    2.   ¿Crees que este sea un tema en el que los gobiernos no deben intervenir y
       dejar que la sociedad tome su propia dirección o al contrario?

2. El peregrino

Me levanté y me asomé con precaución a la puerta del cobertizo. Había amanecido un día gris plomizo, pero ya no llovía. Cuando llegué, el día antes, por la tarde, llovía un poco; el paisano, que estaba recogiendo sus enseres y colocándolos en el tractor para irse a dormir a su casa, me permitió pasar la noche allí. Compartimos la merienda y, cuando terminamos, se
5   fue, no sin antes recomendarme que cuando saliera por la mañana, echara el candado.

Durante la noche llovió de lo lindo. Tardé mucho en dormirme, pues el ruido de las gotas sobre la Uralita del techo sonaba como un solo de batería de "Deep Purple". Al cabo de unas horas se convirtió en un rumor tan suave que me sirvió de nana. Recogí mis escasas pertenencias, las metí en la mochila sin ningún orden, comí, como desayuno, un trozo de pan

10   del día anterior y un poco de queso, que estaba empezando a criar moho, y comencé a
     caminar. Las nubes, de color plomo, como un techo demasiado bajo, me aplastaban contra
     el suelo. El barro del camino se me pegaba en las suelas de las zapatillas, impidiéndome
     caminar a gusto. Llegué a una zona con rocas; lo agradecí: allí no había barro. Me sentí
     en medio de ninguna parte. Solo. Fui caminando despacio, como paseando, por ver si alguien
15   me adelantaba, y me permitía aliviar, aunque sólo fuera por unos momentos, mi soledad. Pero,
     en aquella época, tan avanzado el otoño había pocos peregrinos... Cuando había perdido
     toda esperanza, se me ocurrió mirar hacia atrás y vi, como a unos diez metros de mí, a
     alguien con barba de varios días, sin mochila, y los pies calzados con unas sandalias de tiras de
     cuero.

20   Reduje mi paso, con intención de que le diera tiempo a emparejarse conmigo, pero él hizo lo
     mismo, de modo que la distancia no variaba. Pensé que quizá no deseara compañía, así que
     seguí mi camino a mi ritmo. Si quería alcanzarme, no lo tenía difícil. Al lado del camino vi unas
     piedras que estaban secas y me senté, no tanto por descansar como por curiosidad hacia
     aquel peregrino. Al minuto estaba a mi lado, sentado. Sin decir palabra. No le había visto
25   llegar. Treintaytantos. Su cara estaba curtida, la piel marcada con un millón de pecas. Tenía
     arrugas como surcos profundos, y no parecían corresponder a su edad. La nariz larga,
     aguileña, y un poco torcida a la izquierda. El pelo color zanahoria, largo hasta los hombros y
     sujeto con una goma, a modo de coleta, tapado con una gorra de visera, con publicidad de la
     "Shell", una "vieira". Muy adecuado. Vestía pantalón vaquero, muy usado, y un anorak azul
30   marino con ribetes rojos, abrochado hasta el cuello.

     -Hola –saludé.
     -Hola –me respondió.
     -¿Desde dónde vienes?
     -Desde Estella.

35   Su acento era extranjero, pero sus palabras eran precisas, aunque escasas. No llevaba ningún
     signo que le identificara como peregrino, excepto, tal vez, la gorra publicitaria, pero, por su
     actitud, se podía deducir, sin lugar a dudas, lo que era.

     -Andas muy deprisa –estábamos llegando a Viana, y eran alrededor de la una de la tarde.

     -Salí muy temprano.
40   -¿De dónde eres?
     -Soy francés, de la Bretaña. De Locronan, cerca de Finistère. (Lo pronunció "Finistegg",
     al modo francés)
     ¿Finisterre? ¿En Francia? Tengo que informarme.
     -¿Y vas solo? –no se veía a nadie, ni por delante ni por detrás.
45   -Sí.
     -¿No te acompaña ningún familiar?
     -No tengo familia.
     -¿Y amigos?

-Sólo dos o tres.

50 -¿No te ha acompañado ninguno?

-No.

-¿Y vienes caminando solo desde tu pueblo?

-Sí –contestó.

Costaba sacarle algo más que monosílabos. Ni una explicación. Ni una historia. Ni una
55 confidencia. "Parece que no es muy hablador", pensé. La mirada de sus ojos color miel era triste. Una tristeza que calaba hasta los huesos. No conseguí sacarle ni una palabra más. Saqué de la mochila el poco queso que me quedaba, lo hice dos trozos y le di uno. Hizo una especie de mueca, que pretendía ser una sonrisa. Lo comió como sin ganas. Él sacó del bolsillo de su anorak una botella de plástico, pequeña, llena (¿vacía?) hasta la mitad de un vino
60 rojo oscuro, casi negro. Bebimos y brindamos:

- ¡ Por el Camino! –dije yo.

-¡Por los ausentes! –contestó él.

Nos terminamos la botella. Volvió a meterla en el mismo bolsillo. Se levantó, sin decir nada, y comenzó a andar. Yo me levanté también. Me colgué la mochila y le seguí. No le llamé. ¿Para
65 qué? Le vi ganar distancia poco a poco, hasta que se perdió de vista. Cuando llegué a Viana, le busqué en el albergue. La chica que hacía de hospitalera en la "Alberguería Andrés Muñoz", una agente de la policía municipal, de uniforme, no le había visto.

Pasé a la iglesia de San Pedro. Ruinas góticas sin techo y restos de botellón por los pocos rincones cubiertos que le quedan. Allí estaba, inconfundible su mechón de pelo color
70 zanahoria, sentado en la base de una columna que ya no existía. Tenía el cuerpo inclinado hacia delante, los codos apoyados en las rodillas, y se tapaba la cara con las manos. Como si estuviera llorando, pero en silencio… Para dentro. Preferí no molestarle. Salí de la iglesia y fui a dar una vuelta por la ciudad… Por los soportales del Ayuntamiento… Por la Iglesia de Santa María… Leí y pisé la lápida en recuerdo de César Borgia, tomé un par de cervezas en
75 algún bar… Y volví al albergue. Pregunté de nuevo por él, a la hospitalera y a otros peregrinos. Nadie le había visto. Nunca volví a verle ni, por lo que sé, nadie le vio jamás.

Pensé que lo había soñado, pero consulté un mapa de su zona de origen. Locronan existe, aunque yo no había oído nunca hablar de él. Y Finistère es un cabo en la Bretaña francesa. No puede soñarse con algo que no conocías previamente. ¿…O sí…?

Gregorio Gómez
www.peregrinosasantiago.com

1. **Antes de leer**

1. ¿Qué es un peregrinaje? ¿Qué tipos de peregrinajes conoces?
2. ¿Has oído hablar alguna vez del Camino de Santiago? ¿Qué sabes de él?
3. ¿Qué clase de personas crees que lo hacen? ¿Por qué lo hacen?

Explotación del texto

2. Comprensión lectora

1. ¿Cómo defines el clima que se describe en el relato? ¿A qué estación del año pertenece?
2. ¿Qué tipo de comida lleva el peregrino? ¿Te parece adecuada?
3. ¿Cuál es la primera impresión que recibe el narrador del misterioso peregrino?
4. ¿Qué actitud demuestran los dos personajes al encontrarse?
5. ¿Qué motivos crees que pueden haber empujado a ambos a hacer este peregrinaje?
6. ¿Por qué el narrador queda tan impresionado con el encuentro del peregrino?
7. ¿Cómo te imaginas la iglesia de San Pedro donde el narrador encuentra al peregrino por segunda vez?

3. Vocabulario

a. *Reflexiona sobre las siguientes expresiones:*

1. **llover de lo lindo** (6): ¿Conoces alguna otra expresión en español que signifique lo mismo? ¿Puede aplicarse a otras situaciones o solamente a **llover**?
2. **criar moho** (10): ¿Qué es el moho? ¿Cuándo suele aparecer? Apréndete el sustantivo con su correspondiente verbo (criar) pues es una colocación típica.
3. **treintaytantos** (25): ¿Por qué utiliza el narrador esta palabra?
4. **calaba hasta los huesos** (56): ¿Qué significa esta expresión? ¿Qué efecto produce en el sujeto de la frase?
5. **como sin ganas** (58): Inventa una oración en la que quede explícito el significado de esta expresión.

b. *Ahora fíjate en estos términos que también provienen del texto:*

1. **paisano**: Encuentra uno o dos sinónimos de esta palabra. Recuerda que puede usarse como sustantivo o adjetivo. ¿Qué categoría presenta en este caso?
2. **enseres**: Menciona dos o tres enseres que podría llevar el paisano.
3. **cobertizo**: ¿Qué podemos guardar en un cobertizo? Pon tres o cuatro ejemplos.
4. **costaba**: Como verás, el verbo **costar** tiene más de un sentido. Escribe una oración con cada uno de los significados que ofrece el diccionario.
5. La palabra **vieira** tiene mucho que ver con el Camino. ¿Por qué el

protagonista encuentra adecuado que el peregrino lleve una gorra de la compañía "Shell"?

6. Haz una lista con palabras que aparezcan en el texto y con las que tú puedas añadir que se puedan asociar al Camino de Santiago. Ej.: **andar, vieira**…

4. **Gramática**

1. *Ni una explicación. Ni una historia. Ni una confidencia. ¿Qué tipo de negación produce **ni** cuando lo colocamos delante de una frase nominal o de un sustantivo?*

2. *Analiza los verbos del pasado utilizados en la narración y explica en qué casos utiliza un tiempo verbal u otro. ¡No te olvides de ninguno! Trata de encontrar ejemplos de cada uso en el texto.*

5. **Práctica escrita**

Fíjate bien en el detalle que pone el autor en la descripción del personaje. Repasa tanto su vestimenta, como su apariencia física e incluso trata de penetrar en su interior y describir su personalidad sin conocerlo. Elige tú a una persona y descríbela con tanto detalle como puedas.

6. **En profundidad**

Elige una de las opciones siguientes y desarróllala:

1. A lo largo del relato se mencionan varios nombres de lugares geográficos o topónimos. ¿Podrías situarlos en un mapa y decir a qué altura del camino se encuentran los personajes?

2. A la vista de lo que cuenta el narrador, ¿cuáles serán los mayores atractivos del Camino?

3. ¿Sabes quién fue César Borgia? Haz una pequeña investigación y explica brevemente algunos datos de su vida.

3. El perfil social de los españoles

Los españoles herederos de una cultura que mezcla varias religiones e ideologías han desarrollado un marcado acento hospitalario, abierto y cordial. Algunos de sus rasgos culturales más característicos son su sentido regionalista al luchar por la conservación de sus tradiciones y su historia con pasión y sentido solidario. Cada comunidad, provincia, ciudad conserva hábitos y costumbres de épocas pasadas. Este afán por mantener el pasado se traslada a la conservación de su patrimonio histórico.

5

La edad de contraer matrimonio es cada vez más tardía. Aunque se mantiene una preponderancia de los matrimonios canónicos, cada vez son más numerosos los matrimonios civiles. Desde 2006 las parejas homosexuales pueden contraer matrimonio y

10   adoptar hijos. En los ayuntamientos suelen existir registros de parejas de hecho. El número
     de separaciones y divorcios va en aumento.

     En España prevalece la costumbre de hacer un alto en la jornada diaria de trabajo, para
     almorzar en casa con la familia, normalmente entre las 13.30 y las 15.30 horas. El español
     tiene un gusto particular por la comida abundante y bien sazonada. Los almuerzos suelen
15   ser copiosos y con una opción variada de platos, que, algunas veces, puede explicar la
     siesta, sobre todo los domingos y durante el verano. No obstante la gente tiene cada
     vez menos tiempo para echar la siesta y se adapta cada vez más a la norma europea.
     El horario habitual de la cena es de 21.00 a 23.00, bastante más tarde de lo habitual en el
     resto de Europa. Es frecuente salir a cenar fuera de casa con amigos especialmente los
     fines de semana.

20   Los bares y las discotecas se mantienen abiertos a lo largo de la noche. La hostelería es uno
     de los sectores más dinámicos de la economía española. La vida nocturna en España es
     legendaria y uno de nuestros mayores atractivos. También es agitada y en ella se refleja el
     lado bullicioso del carácter español. Los españoles al permanecer mucho tiempo fuera de
     casa han desarrollado una capacidad de conversar fluida y abierta, el habla suele ser rápida
25   aunque no se tenga prisa y el tono suele ser imperativo sin que ello indique superioridad,
     disgusto o distancia. El español es directo y expresivo en sus opiniones y juicios.

     La vida social española es muy importante. La familia y los amigos forman parte del núcleo
     vital de la mayor parte de los españoles. Aunque se han producido fuertes cambios en los
     últimos años, la familia sigue siendo el núcleo de las relaciones personales y tiene mucha
30   importancia. Mantener los lazos con los amigos es muy importante también. En las relaciones
     sociales, se suele mantener una actitud y un lenguaje informal y espontáneo y es frecuente el
     contacto físico en el saludo, besos, abrazos, que puede resultar sorprendente a quienes nos
     visitan por primera vez, así como nuestra costumbre de interrumpirnos unos a otros, que no
     es considerado una falta de educación, sino parte de una comunicación espontánea.

35   Existe una gran variedad de fiestas populares, algunas de ellas de fama internacional como los
     Sanfermines en Pamplona y la Semana Santa así como también las fiestas de San Juan.

     El hábito español por el tabaco solía sorprender al visitante al ser uno de los países donde
     más se fumaba y de forma tan libre. No obstante, son cada vez más los lugares donde se
     limita o se prohíbe totalmente su consumo sobre todo en organismos públicos y en los
40   transportes y por ende se fuma cada vez menos.

     El español tiene por lo general sentido del humor, bromear se convierte en un pasatiempo
     preferido con una gran capacidad para reírse de uno mismo. Sienten una especial curiosidad
     por conocer la vida privada de los personajes destacados de la sociedad, el grupo incluye
     artistas, actores, cantantes, personajes de moda. Este notable interés, ha dado paso a una
45   importante industria editorial y electrónica dedicada al mundo de la farándula local y
     mundial.

Su población se siente orgullosa de preservar con fervor la figura de sus reyes como jefes del Estado. Es una característica que va más allá de las leyes y derechos que lo contemplan, es una actitud de admiración y respeto profundo por la monarquía, una institución que hoy por

50 hoy forma parte inequívoca de la forma de ser española. Además, los españoles se interesan por conocer la vida cotidiana de sus reyes, del príncipe y de las infantas.

European Employment Services (EURES),
http://eures.europa.eu © European Communities

Notas

1.	**mezcla varias religiones** (1)	No obstante, a pesar de su rica historia sociocultural, la religión imperante de España es el catolicismo.
2.	**se interesan por conocer la vida cotidiana de los reyes** (50–51)	A los reyes la gente les tiene respeto, y, como todos los famosos, su vida despierta interés. Pero no se sabe nada de su vida íntima, los periódicos nunca publican detalles personales (solamente se oye al rey o a la reina hablar cuando están pronunciando discursos). Al rey se le respeta mucho por su función: él fue elegido por Franco para sucederle, y, a su muerte, el rey llevó el país a la democracia. Se supone que su vida íntima no es tan modélica como se dice, pero nadie, ni periódicos ni el pueblo en general, quiere airear ningún trapo sucio.
3.	**EURES**	EURES (Servicios Europeos de Empleo) es una red de cooperación destinada a facilitar la libre circulación de los trabajadores en el marco del Espacio Económico Europeo; Suiza también participa en ella. Entre los socios de la red se encuentran los servicios públicos de empleo, los sindicatos y las organizaciones patronales. La Comisión Europea coordina la red.

Explotación del documento

1. **Vocabulario**

a. **Localización de expresiones**

Encuentra las frases del texto que signifiquen lo mismo que:

1. La gente es ~~cada vez mayor~~ cuando se casa. *la edad de contraer matrimonio es cada vez tardía.* ⟨more and more⟩
2. Hay cada vez más separados y divorciados. *el número de separaciones y divorcios va en aumento.*
3. Las comidas tienden a ser abundantes... *el español tiene un gusto particular por la comida abundante*
4. Su gente se honra en conservar con pasión la imagen de sus soberanos,... *Su población se siente orgullosa de preservar con ~~fervor~~ fervor la figura de sus reyes.* ⟨to be proud of⟩

b. **Explicación de expresiones**

Explica las siguientes expresiones mediante sinónimos, definiciones de diccionario, ejemplos, etcétera:

1. **un marcado acento hospitalario, abierto y cordial** (2)
2. **preponderancia de los matrimonios canónicos** (8)
3. **parejas de hecho** (10)
4. **los Sanfermines** (36)
5. **dedicada al mundo de la farándula** (45)

2. **Comprensión**

1. ¿Qué se dice en el artículo sobre el matrimonio y el divorcio en España?
2. ¿Cuáles son los pormenores sobre el almuerzo y la cena?
3. ¿Cómo se relacionan los españoles verbal y no verbalmente?
4. ¿Qué característica tienen en común la siesta y el consumo de tabaco?
5. ¿De qué es producto la industria editorial dedicada al mundo de la farándula?
6. ¿Qué se expresa en el texto con respecto a los reyes de España?

3. **Resumen**

Haz un resumen del texto en español en unas 150 palabras.

4. **Traducción al inglés**

Traduce el quinto párrafo (27–34).

5. **Gramática**

a. **Imperfecto del subjuntivo**

Estás en España como parte de un intercambio cultural. Expresa cinco opiniones sociales usando el imperfecto del subjuntivo. En la cláusula principal puedes usar frases como

Me gustaría que / Sería una lástima / una vergüenza / un escándalo que / Agradecería que / Sería conveniente / interesante / justo / curioso / recomendable que

Aquí tienes dos opiniones a manera de ejemplo:

1. Sería injusto que las parejas homosexuales no **pudieran** contraer matrimonio.
2. Me gustaría que se **abolieran** los encierros de San Fermín.

b. **Traducción de '*more and more*' y '*less and less*'**

Traduce las siguientes oraciones al español:

1. Spaniards have less and less time to take a siesta.
2. British people smoke less and less.
3. -¿Do Latin Americans smoke less and less?
   -They probably do; however the older they are, the more cigarettes they smoke.
4. The annual running with the bulls in Pamplona is more and more controversial.

6. **Análisis y debate (oral y/o escrito)**

Prepárate con un compañero para un debate o para escribir una redacción defendiendo u oponiéndose a una de las siguientes declaraciones:

1. Las consecuencias de contraer matrimonio a una edad cada vez más tardía son predominantemente positivas para la sociedad española.
2. Los matrimonios canónicos tienen un valor más profundo que los civiles.
3. Las parejas de hecho deberían tener exactamente los mismos derechos que los matrimonios civiles.
4. El núcleo familiar es tan importante para los españoles como para los ingleses.

7. **Composición**

Escribe una redacción (de unas 500 palabras) sobre una de las siguientes opciones:

1. El perfil social de mi ciudad.
2. Diferencias notables entre el perfil social de los españoles (descrito en el texto) y el perfil social de mi localidad.

Sección B: Ejercicios de gramática

1. **Seguir (continuar) + gerundio; soler + infinitivo**

Estas construcciones se utilizan en muchas expresiones cuyo equivalente en inglés contendría un adverbio (*still, usually*, etc.).

*Traduce al español las siguientes oraciones, utilizando en cada caso **seguir** (o continuar) o **soler**.*

1. Spaniards are still very hospitable and open. seguien siendo
2. Chileans usually welcome visitors warmly. seguien
3. Tolerance is still a highly esteemed virtue for Spaniards.

    4. Venezuelans are usually very tolerant.

    5. The participants are usually in their forties.

    6. There are still only 40 women judges.

    7. This is what usually happens with military decorations.

    8. This is still happening with military decorations.

    9. Do you still think I was wrong?

  10. He usually thinks he is right.

  11. If people still have a problem, they usually ask for the complaints book.

  12. Craftsmen were usually self-employed; I don't know if they still are.

2. Giros idiomáticos

Traduce al español las siguientes oraciones, todas las cuales contienen modismos.
Usa en tu traducción las frases del recuadro según corresponda.

el / la que lleva las riendas	**echar una perorata**	**engañar**
en manos de alguien	**calmarse**	**empezar mal**
empezar a escribir	**divertirse mucho**	**despedir**
las autoridades	**hacer mucho bien**	
	(o beneficiar mucho)	

    1. Behind every successful man it is the woman who is the real *power behind the throne.*

    2. Have a siesta! It will *do you the power of good.*

    3. That dictator said: "I've got you *in my power* and you'll do as I say!"

    4. He *got the boot* because *the powers-that-be* decided that his consistent sexist remarks were unprofessional.

    5. He really *led her up the garden path* with his promises of promotion and career advancement.

    6. *Keep your hair on* – the shops will reopen after the siesta!

    7. She finally *put pen to paper* and wrote the essay on Latin-American society.

    8. The students *had a whale of a time* in Colombia and Cuba.

    9. You *got off on the wrong foot* with him – he hates discussing personal matters at work.

  10. Do you always have to *rant and rave* when you feel you've been treated unjustly?

3. Los pronombres

Rellena los espacios en blanco con los pronombres personales que exija el contexto.

    1. Cuando (Mario) oye esas cosas _____ ponen los pelos de punta.

    2. A ti siempre _____ ha dificultado el inglés.

3. Al ver la paella (a mí) _____ hizo agua la boca.

4. A su madre _____ mintió, pero a nosotros _____ confesó todo.

5. Dice que perdió el control de los nervios y _____ nubló la vista.

6. Te damos permiso para ausentarte con la condición de que _____ tengas al corriente de _____ que haces.

7. Los huevos están sosos; ¿_____ has puesto sal?

8. No profesor, no rompí el ordenador. _____ rompió.

9. El estudiante se conmovió tanto que _____ llenaron los ojos de lágrimas.

10. Los atletas estaban tan cansados, que _____ doblaban las piernas.

4. **La negación:** *Ni una explicación. Ni una historia. Ni una confidencia.*

Traduce al español las siguientes oraciones (algunas pueden tener más de una versión).

1. Paul never comes to any bullfights with us.
2. In fact, he hasn't ever seen a bullfight.
3. Nobody spoke to Mary about her rights at work.
4. John speaks neither French nor German.
5. I invited my two friends to the party, but neither of them came.
6. He paid no attention to the pilgrim's story.
7. Nobody saw him pray.
8. I liked nothing I saw.
9. No one has ever done anything wrong.
10. Pedro doesn't speak either Catalan or Basque.

5. **Adverbios temporales:** *ya, ya no, todavía, todavía no*

En las siguientes oraciones rellena los espacios con los adverbios correspondientes.

1. _____ sigue empeñado en ir a los Sanfermines.
2. Estamos preocupados. Salió hace un par de horas, pero _____ ha llegado.
3. _____ nos quedan energías para otras dos clases.
4. _____ nos quedan energías para nada.
5. El trimestre que viene iniciamos _____ el curso de sociología.
6. Cuando era joven, me encantaba el cine; _____ me gusta nada.
7. Empezó a llover hace seis horas, y _____ sigue lloviendo.
8. _____ se ven aquellos vistosos coches de caballos por las calles de Madrid y Sevilla.
9. _____ iniciamos el curso de sociología. Será el trimestre próximo.

_0. ¡Qué lástima! _____ se acabaron las vacaciones; _____ son tan largas como antes.

6. **Perífrasis verbales + infinitivo o gerundio**

   Escoge de las formas en cursiva la que exija el contexto.

   1. Mi madre sigue *repitiéndome* / *repetirme* lo mismo: que me tranquilice.
   2. Antonio siempre va *correr* / *corriendo* a la escuela.
   3. Antonio siempre va a *correr* / *corriendo* a la pista de la escuela.
   4. Mataba el tiempo *hacer* / *haciendo* crucigramas. ⟶ crosswords
   5. Le agradaba tener tiempo para *hacer* / *haciendo* crucigramas.
   6. Acabo de *llamar* / *llamando* al banco para que me anulen la tarjeta.
   7. Estaba tan preocupado que acabé *llamar* / *llamando* al banco para que me anularan la tarjeta.
   8. Se fue *andando* / *andar* al parque.
   9. Se fue al parque a *andando* / *andar*.
   10. Anda *diciendo* / *decir* que tiene ganas de casarse.

Sección C: Traducción al español

Not being hurried

It may sound clichéd to say that waiting is exclusive to life in Spain, because we are forced to wait everywhere in the world, and these days we wait less time in bank queues here, for example, than in most other European countries, while the time we spend waiting in government offices has now been reduced to average European levels of frustration. But clichéd or not, waiting has become an essential part of our Spanish culture.

A recent newspaper article on first impressions of Japanese tourists in Spain reveals their surprise at being forced to wait in shops while assistants chat to each other, or talk on the phone, before serving Japanese tourists. I can understand how they feel, although I believe they are missing the point. Rather than being forced to wait, they are being encouraged not to hurry.

Spanish shop assistants have long experience in encouraging people not to hurry, and this great tradition, I would guess, goes back to the corner shop in the *barrio*, which was a meeting place for local residents. There, the purchase of a few groceries was, and still is, secondary in importance to the pleasure of chatting with friends, among them the shop assistant/owner. And the badge of acceptance into this society was, and still is, not to be hurried out of the shop by being served quickly.

The Japanese tourists in the newspaper article went on to list bullfighting and flamenco dancing as the essence of Spanish culture. But we know better, don't we?

Vivion O'Kelly (extract)
Sur in English no. 1201

Sección D: Documento sonoro

Influencias estadounidenses sobre la población mexicana (10:26)

1. **Antes de escuchar:** *¿Y tú qué opinas?*

   En cuanto a la influencia que tienen los Estados Unidos sobre México ¿piensas que predomina lo bueno o lo malo? ¿Por qué?

   Si te resulta útil puedes usar uno o varios de los siguientes temas para justificar tu respuesta:

– ¿Relación bilateral, justa y equitativa?	– Tecnología y Comunicaciones
– Relaciones comerciales y laborales	– Cine y televisión
– Intereses económicos estadounidenses	– Costumbres: liberales vs.
– Turismo, ocio, cultura y entretenimiento	conservadoras
– Narcotráfico: oferta y demanda	

2. **Introducción (00:00–03:20)**

   1. ¿Dónde nació Luis y dónde trabaja? ¿Qué estudió y a qué se dedica?
   2. ¿Qué comparación se hace con respecto al número de habitantes de Unión de Tula?
   3. ¿Qué quiere decir Luis con **se genera una cultura doble**?
   4. Después afirma que **se establece una falacia**. ¿En qué consiste dicha falacia?

3. **Influencias positivas (03:20–06:08)**

   1. Haz una lista de las influencias positivas que se mencionan en orden cronológico.
   2. Describe en tus propias palabras la segunda y tercera (influencias positivas).
   3. ¿Cuál es la palabra mexicana que utiliza Luis para hablar sobre **la juerga o el jolgorio** que buscan los estadounidenses en México?
   4. ¿Por qué crees que Luis considera la última influencia **rara**?

4. **Influencias negativas (06:08–09:30)**

   1. Haz una lista de las influencias negativas expuestas por Luis.
   2. ¿Qué imágenes producen el cine y la televisión estadounidenses?
   3. Resume en tus propias palabras los detalles expuestos acerca de la intervención militar y el narcotráfico.
   4. Cuando Luis habla sobre la intervención militar, ¿qué quiere decir con **"no ver con buenos ojos"**?

5. **Conclusión (09:30–10:26)**

    ¿Cuáles son las expresiones mexicanas para decir?:

    – ¿Qué hay amigos?   – ¿Les gusta beber también?
    – ¿Beben mucho?   – Junten plata.

Sección E: Temas orales

1. **Expresión y respaldo de opiniones sobre varios asuntos sociales**

a. **Sondeo de opinión**

    1. *Primero estudia la siguiente escala de opinión:*

1	2	3	4	5
Totalmente de acuerdo	De acuerdo	Neutral	En contra	Totalmente en contra

    2. *Ahora utiliza esta escala para indicar hasta qué punto estás de acuerdo con las siguientes cuatro declaraciones o premisas marcando con un círculo el número correspondiente. Luego (en el cuadrante v.) agrega una quinta premisa propia que quieras discutir e indica tu opinión sobre la misma (usando la misma escala).*

i.	Es justo que se les permita adoptar hijos a las parejas homosexuales.	1	2 3	4	5
ii.	Una peregrinación a Canterbury es tan interesante e importante como una a Santiago de Compostela (ambos lugares santos).	1	2 3	4	5
iii.	Las mujeres reciben un trato laboral más desigual en la sociedad española que en la inglesa.	1	2 3	4	5
iv.	Se deberían abolir los encierros taurinos de San Fermín.	1	2 3	4	5
v.		1	2 3	4	5

b. **Puesta en común y respaldo de opiniones**

    Compara tus opiniones con las del grupo o las de un compañero (según te indique tu profesor). El objetivo es dar a conocer los resultados del sondeo y mediante un razonamiento claro y convincente respaldar tu punto de vista con respecto a cada una de las premisas.

c. **Debate en parejas**

*En parejas escojan **una** premisa (de las del sondeo de arriba) sobre la que tengan **puntos de vista opuestos**. Desarrollen un debate usando la declaración escogida como punto de partida. Hay que ser **diplomáticos y persuasivos**.*

*Si les resulta útil pueden usar **los recursos lingüísticos** del recuadro que aparece al final de esta Sección E para estructurar y desarrollar su argumentación.*

2. **Exposición de textos en parejas**

a. Primera fase

Abajo aparecen las instrucciones (1–5) para ambos estudiantes. *Síganlas rigurosamente.*

Estudiante A	Estudiante B
1. *Sólo lee el Texto A (de abajo), **tapando** el Texto B durante todas las fases de esta actividad: desde 1 hasta 5.*	1. *Sólo lee el Texto B (de abajo), **tapando** el Texto A durante todas las fases de esta actividad: desde 1 hasta 5.*
2. *Prepara una síntesis del Texto A (de abajo) en tus propias palabras.*	2. *Prepara una síntesis del Texto B (de abajo) en tus propias palabras.*

Texto A
¡<u>No</u> se permite leer el texto de la derecha!

'Me desagrada tanto que la gente se ponga apocalíptica, viendo en todas partes posibles males para la lengua castellana y suponiendo que tanto el inglés como el catalán son capaces de acabar con ella, como que se ponga triunfalista, diciendo que la nuestra es la segunda lengua más importante del mundo. Sí, es importante en cuanto al número de hablantes, pero secundaria como vehículo de transmisión cultural. La presencia de la cultura española en las grandes revistas internacionales es casi inexistente'.

Texto B
¡<u>No</u> se permite leer el texto de la izquierda!

'Fui al supermercado y el *parking* estaba lleno, a tope. Había *overbooking*. En fin, oye … Entonces, en el *hall* vimos una oferta de *shorts* que era un *boom*. Había que sacar *ticket* para la cola. ¡Qué *show*! ¡Cómo se colaba la gente! Incluso hubo quien sufrió un *shock*. Batimos el *récord* de esperar, pero valió la pena. También compré un centro de mesa para el *living*, un *walkman* para Carmen y ¡por fin, la *mountain bike*!, no veas qué pasada . . .'

Conversaciones como ésta ya no resultan nada extrañas para ningún

Nuestro gran problema consiste en la pérdida de la precisión, de la armonía y del equilibrio del lenguaje por la falta de educación, por la combinación horrible de la ignorancia televisiva y del abandono de las humanidades en las escuelas. Los jóvenes no saben expresarse y defenderse mediante la palabra. Eso es lo que empobrece el idioma, no la influencia del inglés. Aquí no está el peligro. Si el idioma está sano recibe y recicla palabras de otras lenguas.

Antonio Muñoz Molina
El Mundo

español. Y es que la influencia del inglés sobre nuestra lengua está llegando a límites insospechados. Dentro de no mucho tiempo, el *spanglish* se impondrá y acabaremos todos olvidando que nuestro país se llama España y que nuestro idioma viene del latín …

Estudiante A	Estudiante B
3. *Ahora exponle a tu compañero tu texto en tus propias palabras en la medida de lo posible.* *Él/Ella te hará preguntas si no entiende bien algo.*	3. *Ahora, tu compañero va a contarte el contenido de su texto. Escúchalo con atención **sin** ver su texto.* *Hazle preguntas si no entiendes bien algo o si quieres más información.* *Si te resulta útil, toma notas concisas.*
4. *Ahora tu compañero tiene que resumirte el texto que le has presentado para ver si lo ha entendido bien.*	4. *Ahora resúmele a tu compañero el texto que te ha presentado para ver si lo has comprendido bien.*
5. *Finalmente sigue las instrucciones 3 y 4 del Estudiante B.*	5. *Finalmente sigue las instrucciones 3 y 4 del Estudiante A.*

b. Discusión en parejas
Comenten el siguiente par de citas provenientes de los textos de arriba, expresando hasta qué punto están de acuerdo con las mismas y justificando sus puntos de vista.

1. "Nuestro gran problema consiste en la pérdida de la precisión, de la armonía y del equilibrio del lenguaje por la falta de educación".
2. "El *spanglish* se impondrá y acabaremos todos olvidando que nuestro país se llama España y que nuestro idioma viene del latín …".

Recursos lingüísticos para participar en un debate y argumentar

1. Cómo **expresar una opinión**:
- (Personalmente) Creo que, pienso que + *indicativo*
- No creo que, no pienso que + *subjuntivo*
- A mí me parece que/ Opino que + *indicativo*
- Soy de la opinión de que ...
- No cabe la menor duda de que + *indicativo*
- A mi modo de ver .../ Para mí ...

2. Cómo **organizar y canalizar el discurso**:
- En primer lugar .../Primero ... / Antes que nada .../Ante todo ... / Para empezar
- Después/Luego/A continuación ...
- Finalmente/Por último/En último lugar/Para terminar/**Para concluir**
- Ya está bien
- Hace falta /es necesario/ hay que encontrar alguna solución

3. Cómo **expresar acuerdo**:
- Estoy (totalmente) de acuerdo contigo / con eso / con la idea
- Sí/Claro/Claro que sí/Desde luego
- Yo también lo veo así
- Sí, de acuerdo/por supuesto
- Comparto tu opinión
- ¡Ya lo creo!

4. Cómo **expresar desacuerdo**:
- No estoy de acuerdo (en absoluto) contigo, con la idea ...
- No comparto esa opinión
- No puede ser / No puede ser que + *subjuntivo*
- No hay derecho
- Yo no lo veo así
- En absoluto / ¡Qué va!/ ¡Ni hablar!
- Claro que no/Desde luego que no
- Estoy (totalmente) en contra de + *sustantivo* /de que + *subjuntivo*
- Me parece una tontería lo que dices
- Lo que estás diciendo es una tontería/es absurdo/no tiene fundamento ...
- Me parece absurdo/ ilógico que + *subjuntivo*
- Puede que tengas algo de razón, pero (sin embargo ...)

5. Cómo **añadir algo**:
– Además …/Y también …
– Y encima …
– Y por si fuera poco …
– No sólo eso, sino que
también …
– Y no olvidemos que …
– Se me/nos ocurre que ….

6. Cómo **hacer una aclaración**:
– Lo que quiero/quería decir es
que …
– Creo que me he expresado mal
– Creo que ha habido un
malentendido

6. Cómo **interrumpir**:
– Perdona/ Perdona, pero…
– Perdona que te interrumpa,
pero …
– Quisiera/ Me gustaría añadir
algo al respecto

Nota
Aunque por cuestiones de espacio
las expresiones de arriba aparecen
en registro informal (con "**tú**"), se
espera que el estudiante haga la
transformación a la modalidad
apropiada cuando el contexto lo
exija y use opciones formales
como:
– Perdone que **lo** interrump**a**,
pero
(No) Estoy de acuerdo con **usted**,
etc.

EL MUNDO HISPANO

Sección A: Textos escritos

1. Hablamos el mismo idioma

A lo largo del siguiente texto encontrarás la definición de algunas palabras entre paréntesis. De las dos opciones que se presentan elige la correcta. Procura no utilizar el diccionario.

La influencia decisiva de los inmigrantes hispanoamericanos en España -un par de millones de ellos- es la que se ejerce sobre el idioma común. Ese mestizaje del léxico va a ser definitivo. Caeremos en la cuenta de que el idioma español de España, el tradicional, es solo una variante dialectal. Por ejemplo, el *vosotros* que decimos muchos españoles -casi todos,

5   menos los canarios y algunos andaluces- tendrá que <u>plegarse</u> (a. someterse; b. imponerse, triunfar) ante la forma mayoritaria del ustedes.

Santiago Ruiz, uno de nuestros lectores, se refiere a mi afirmación de que el idioma español empieza a serlo verdaderamente cuando se expande por el continente americano. Esa expansión la considera don Santiago como una "imposición" de los conquistadores, los

10   clérigos y luego los <u>criollos</u> (a. españoles casados con indígenas; b. hispanoamericanos descendientes de padres españoles). Concluye así don Santiago: "No deja de extrañarme que una persona con su preparación intelectual, haga afirmaciones de esta índole, como mínimo tan poco exactas y reflejas de la realidad. A no ser que haya una segunda intención, como sería la de engrandecer a la lengua española a costa de empequeñecer a las demás,

15   siendo esto una muestra más a sumar de ese famoso imperialismo español, destructivo y sin respeto alguno allí donde va hacia las culturas y lenguas que halla."

Mi idea es que los conquistadores españoles fueron todo lo <u>rudos</u> (a. maleducados; b. toscos, faltos de delicadeza) que exigía su acción y su época, pero no impusieron su lengua. Todavía menos lo hicieron los clérigos o misioneros. La imposición fue realizada después por los

20   criollos, los caudillos de la independencia de los países americanos. Aun así no considero que fuera una acción <u>vituperable</u> (a. digna de elogio; b. digna de censura o represión). La

alternativa de excluir el idioma español para oficializar los idiomas indígenas hubiera conducido al fracaso como naciones independientes. La excepción del Paraguay, en donde se ha conservado mejor la lengua indígena, no es precisamente un modelo de progreso.

25 Tampoco habría sido un progreso el que el latín no se hubiera impuesto en España mil años antes de la conquista de América. Precisamente el español es una derivación del latín, un gran idioma de civilización. El indigenismo lingüístico puede ser una forma taimada de inicua explotación por parte de las minorías cultivadas. El idioma español es hoy el mejor capital del que disponen los países hispanoamericanos.

30 Francisco González -cubano de nación- relata algunos curiosos malentendidos que se producen entre los cubanos y los españoles. Así, el *armario* en España es el *escaparate* en Cuba. Pero el *escaparate* de los españoles es la *vidriera* de los cubanos. A su vez, la *vidriera* en España es el *vitral* en Cuba. Para terminar, lo que los españoles llaman *armario empotrado*, los cubanos dicen llanamente *clóset*, un anglicismo.

35 José Antonio Martínez Pons, <u>escudriñador</u> (a. que mira intensamente en un sitio en busca de algo; b) que maneja algo de manera experta) de palabras, recoge una muy expresiva de Costa Rica: *palo-piso*. Es el equivalente del utensilio llamado *fregona* en España.

Lorenzo Martínez Gómez nos cuenta las divertidas situaciones que vivió en Colombia, como profesor de un curso sobre aparatos telefónicos. Por ejemplo, los aparatos con

40 microteléfono en España se llamaban *mangos*, pero en Colombia esa palabreja quería decir los *penes*. En la oficina del director general, la secretaria le espetó: "Doctor, ¿le provoca un tinto?". En España habrían sido menos solemnes: "Señor, ¿le apetece un café?".

Álvaro Ortíz de Zárate -Álava- opina que en España "existen dos idiomas virtuales: el catalán y el español. El llamado *gallego* no pasa de ser una variante del español, y también el *vasco*".

45 Disiento de ese enfoque. Idiomas son todos los que así son considerados por sus hablantes, sea cual sea la amplitud de esa población. Otra cosa es que, debido al número de hablantes y a otros rasgos, unos idiomas son de comunicación internacional y otros —étnicos— se adscriben a una región o nación de forma <u>privativa</u> (a. de manera auténtica; b. de manera exclusiva). Es claro que el español es uno de los pocos que en el mundo son de

50 comunicación. Los demás idiomas españoles son étnicos, lo cual no prejuzga que sean menos interesantes en todos los demás sentidos. Al español de España lo denominamos también *castellano* porque hay otras formas de hablar el español en el continente americano. La calificación de *castellano* es por su origen, por haber nacido al tiempo del condado de Castilla, en tierras que son hoy parte del País Vasco, Burgos o La Rioja. Se puede disentir de

55 las opiniones anteriores, pero es una evidencia indiscutible que muchas personas llaman *castellano* al idioma español que se habla en España. Otras prefieren la etiqueta de *español*. Ambas denominaciones pueden valer.

Juan José Garaeta Díaz se refiere a la frase del escritor mexicano Carlos Fuentes cuando dijo que él hablaba español y no castellano porque el castellano no lo sabía pronunciar. La frase se

60 atribuye también a Octavio Paz. La intención es la misma: que el español -universal- es mucho

más amplio que el castellano -de España-. Don Juan José da en el clavo cuando asegura: "En broma decimos que los andaluces hablamos un español que lo pronuncian mal los castellanos". Pero sin duda es más fácil entenderse un nicaragüense con un riojano que un británico con un filipino angloparlante. Todo sea en beneficio de nuestro idioma.

Amando de Miguel en *Libertad digital*

Explotación del texto

1. **Comprensión lectora**

   1. ¿Qué opinión tiene el autor acerca de la pureza del idioma español peninsular?
   2. ¿Por qué piensa Santiago Ruiz que la intención del autor es la de **engrandecer la lengua española a costa de empequeñecer a las demás**?
   3. ¿Quiénes fueron los responsables, según el autor, de la expansión del idioma español en América? Explica cuál era su función en aquella época.
   4. ¿Cuántos idiomas se pueden encontrar en España a juicio del autor? ¿Por qué? ¿Qué distinción hace entre ellos?
   5. ¿Qué se puede entender en este caso por **idioma de comunicación**? ¿Puedes poner algunos ejemplos?
   6. ¿Cómo debemos llamar a nuestro idioma entonces: español o castellano? Razona tu respuesta.
   7. ¿Suponen realmente un problema las diferencias dialectales que presenta el español? ¿Las calificarías como algo positivo o negativo?

2. **Gentilicios**

a. *Los gentilicios son los nombres y adjetivos que expresan naturaleza o nacionalidad. Encuentra en el texto que acabas de leer todos los que puedas.*

> En general, es fácil reconocer o crear un gentilicio; casi todos poseen la misma raíz que el topónimo (nombre del lugar). Por ejemplo:
> Madrid → **madril**eño, Córdoba → **cordob**és, Sevilla → **sevilla**no.
> Sin embargo, hay casos (muy pocos) en los que es más difícil adivinar
> la procedencia del gentilicio.

b. *Averigua a qué capitales hispanoamericanas representan estos nombres o adjetivos y después sitúa cada capital en su país correspondiente.*

defeño /capitalino	bonaerense/porteño
tegucigalpense	quiteño
paceño	dominicano
montevideano	sanjuanero
asunceño	josefino

> Recuerda que, a diferencia del inglés, los gentilicios nunca se escriben con mayúscula en español.

3.   **Expresiones**

Explica con tus palabras lo que quieren decir estas expresiones. Después inventa una frase
para cada una de ellas:

Caer en la cuenta (3)
No deja de extrañarme (11)
Dar en el clavo (61)

4.   **Variantes del español**

El texto proporciona algunos ejemplos de las diferencias de léxico entre
hablantes españoles e hispanoamericanos. En ocasiones esas diferencias pueden
llevar a confusiones.

a.   *¿Qué entendería un español con la frase "**Doctor, ¿le provoca un tinto?**"? Explica el uso de*
*las palabras **doctor, provocar** y **tinto** en Colombia y en España.*

b.   *Ahora intenta decidir si las frases que leerás a continuación corresponden a la variante*
castellana o a la hispanoamericana. Escribe C o H:

1. _____ ¿Hicieron ya sus deberes?
   _____ ¿Habéis terminado ya los deberes?
2. _____ Te ves muy linda hoy.
   _____ Hoy sí que estás guapa.
3. _____ Llevo tres días buscándolo y no aparece.
   _____ Es imposible, tengo tres días buscándolo y no lo encuentro.
4. _____ ¿Qué hacés por acá? No te esperábamos sino hasta mañana.
   _____ ¡Qué suerte verte por aquí! Pedrito no viene hasta mañana.
5. _____ Espérame por favor, no me tardo nada.
   _____ Te prometo que no tardo ni cinco minutos.
6. _____ Acabo de llegar de Guatemala y estaban todos esperándome en casa.
   _____ Recién llegué del mercado y ya me están llamando.
7. _____ ¡Ni más faltaba! Yo te paso a recoger en mi carro.
   _____ El coche lo conduzco yo, ¡faltaría más!
8. _____ En la fiesta estábamos no más los mismos de siempre.
   _____ Me encontré sólo con tus amigos.
9. _____ Tú y Antonio podéis empezar a desempaquetar cajas.
   _____ Siempre había pensado que tú y ella tenían algo más que una amistad.

5.   **Estilo directo/indirecto**

a.   *Pasa a estilo directo la siguiente frase: "**del escritor mexicano Carlos Fuentes cuando dijo***
***que él hablaba español y no castellano porque el castellano no lo sabía pronunciar**".*

b. *Ahora pasa a estilo indirecto las siguientes oraciones:*

1. Iré cuando me apetezca – soltó Antonia.
2. He comprado un par de libros para regalarle a Marcos – dijo Sonia.
3. En cuanto vengas te hago la cena y me acuesto – dijo ella.
4. Si hubiera sabido que hacía tanto calor no me habría puesto la chaqueta.
5. Me sentí un poco mareado por eso me fui a casa – explicó él.

6. **Práctica oral**

   La mayoría de las empresas catalanas exigen a sus empleados un nivel respetable de lengua catalana. Esto quiere decir que si vienes de cualquier otra parte de España o si eres extranjero tienes que aprender primero el idioma y pasar unas pruebas si quieres trabajar.

   Imagina que decides irte a vivir a Barcelona. En grupos de cuatro discutid vuestras opiniones, si creéis que esta exigencia es acertada o no, justa o injusta.

2. La leyenda de El Dorado

La leyenda de El Dorado es una de las más conocidas en Colombia y junto con otras de la época de la conquista, llevó a muchos españoles a emprender grandes expediciones para descubrir la fuente de tanta riqueza, de ahí su nombre. En Colombia, en la zona del altiplano cundiboyacense se han encontrado innumerables objetos de oro pero entre ellos sobresale una balsa hallada en una laguna entre las montañas que ilustra la ceremonia de la leyenda y puede verse en el Museo del Oro de Bogotá.

El cielo todavía estaba oscuro cuando los habitantes de toda la <u>comarca</u> se levantaron. El aire estaba frío y la neblina depositaba diminutas gotas sobre todas las superficies. <u>En ayunas</u>, las familias <u>se arroparon</u> con sus mejores túnicas de algodón estampadas y se cubrieron con finas mantas que abrocharon en el cuello, abrieron sus casas y saludaron el nuevo día que
5 finalmente comenzaba. Era el día más importante para la nación muisca.

La gente se preparaba depositando entre sus canastos numerosos tunjos de oro y esmeraldas que ofrecerían a sus dioses. En otras acomodaban arepas, envueltos de maíz, tamales, cazuelas de fríjoles condimentados con ají, y cocidos de papa y yuca. En mochilas tejidas llevaban guayabas, tomates, uchuvas, curubas y aguacates, fruto de su cosecha y del
10 <u>trueque</u> de los mercados. La chicha la portarían en grandes múcuras para la gran celebración que se aproximaba.

Unos a otros se pintaban decoraciones en sus rostros, trenzaban sus largos cabellos negros y lacios que luego adornaban con plumas de <u>guacamayos</u> de vistosos colores, magníficos amarillos y azules, verdes o rojos vivos, traídas de lejanas selvas. Finalmente, se ataviaban con
15 collares, brazaletes o narigueras según su edad o rango.

Al sonido de las flautas todas las familias salieron de sus casas y se agruparon en clanes. El cielo ya clareaba y se teñía de rojizo y se dio la señal esperada. Empezó la procesión al compás de los tambores. Todos cargaban las mochilas y los canastos preparados, las mujeres además, llevaban a sus espaldas a los bebés envueltos en mantas y el resto de los niños se
20 adelantaban a sus padres en un continuo ir y venir que revelaba una emoción nunca antes sentida. La marcha continuó hasta que el sol iluminaba claramente el cielo. Desde una cumbre se alcanzaba a ver la laguna <u>anidada</u> entre los cerros, su agua cual espejo del firmamento. Cada clan se dirigió a una ladera diferente de los montes que la circundaban y todos se dispusieron a organizarse para el evento que comenzaría muy pronto.

25 De pronto se alcanzó a oír la música del <u>séquito</u> de los jeques o sacerdotes que acompañaban a un joven guerrero y todos dirigieron sus miradas hacia el punto marcado por unas banderas. En el momento en que se alcanzó a ver el cortejo del joven escogido todas las voces gritaron al unísono para darle la bienvenida. El grupo avanzó hasta la estructura que se había construido días antes para la ceremonia. Los jeques presentaron al joven
30 guerrero, <u>primogénito</u> de la hermana del antiguo <u>cacique</u>, como era costumbre, a la nación muisca que se hallaba reunida ante ellos. Se alzaron banderas a todo el rededor por las laderas y se oyeron grandes ovaciones. El jeque mayor levantó sus brazos y volvió a reinar un silencio de gran expectación. Dos ayudantes desnudaron al futuro soberano, le untaron todo el cuerpo con una resina pegajosa y luego lo cubrieron completamente con polvo
35 de oro. Él avanzó hacia la <u>balsa</u> de maderas que lo esperaba en la laguna, reflejando la luz del sol en todas las direcciones y en cuanto puso pie en ella, los cuatro remeros que ya ocupaban su puesto se agacharon. En seguida, los ayudantes subieron a la balsa un gran número de vasijas de cerámica llenas de objetos de oro. Se subieron dos nobles con estandartes y bastones ceremoniales, luego dos guerreros portando máscaras de jaguar y
40 finalmente los jeques con maracas de chamán. Los remeros comenzaron su rítmico movimiento y la balsa inició su recorrido por el agua color esmeralda con sólo el ruido del salpiqueo como acompañamiento.

Al llegar al centro de la laguna el joven heredero, débil por los días de ayuno, levantó los brazos y pronunció unos cánticos en alabanza al sol y a la luna. Encomendó su nación a su
45 cuidado, pidió fertilidad para las familias y para la tierra y protección en la guerra. Luego arrojó <u>cuantiosas</u> ofrendas de oro al agua y finalmente saltó él mismo a la laguna dejando tras sí grandes ondas. Las miradas de todos quedaron fijas en esas ondas que se desvanecían lentamente y el aire pareció calentarse durante los momentos de su ausencia que se prolongaban inquietantemente. Voló sobre la laguna un águila silenciosa dando una gran
50 vuelta y en el momento en que su reflejo se vio sobre el centro emergió el joven para júbilo de todos los presentes. Subió a la balsa y nuevamente volaron las banderas en todas las laderas que rodeaban la laguna y los gritos llenaron el aire. Los jeques lo engalanaron con un pectoral, una nariguera y brazaletes de oro, los nobles le entregaron el bastón de mando, lo alzaron en hombros y lo mostraron en todas las direcciones, convertido ya en el Zipa. Una a
55 una se encendieron <u>hogueras</u> en las partes altas de todos los cerros que rodeaban la laguna y

las gentes bajaron a arrojar sus ofrendas para agradecer a los dioses por su nuevo monarca. Así comenzaban varios días de festejos con comilonas, bailes, competencias, desfiles y juegos. Comenzaba también una nueva era para su nación.

Angela Uribe de Kellett,
School of Modern Languages, Newcastle University

Balsa Muisca. Leyenda de El Dorado
http://es.wikipedia.org/wiki/Imagen:Muisca_raft_Legend_of_El_Dorado_Offerings_of_gold.jpg

Notas

1. **muisca** (5)   El pueblo muisca habitó el altiplano de Cundinamarca y Boyacá de lo que hoy es Colombia desde el siglo VI a. de C. y vivió como tal hasta la llegada de los españoles en 1537.

2. **tunjo** (6)   Figura votiva de oro.

3. **arepa** (7)   (del Cumanagoto, lengua de filiación caribe, *erepa* maíz) 'Pan' o torta de forma circular que se usa en América, hecha de la masa del maíz (en ciertas regiones mezclada con queso) y cocida al horno.

4.	**tamal** (8)	(del mejic. Tamalli) Torta de masa de maíz con diferentes tipos de carne y condimentos, envuelta en hojas de plátano.
5.	**mochila** (8)	(*Col),* Bolsa tejida que se cuelga del hombro para cargar una variedad de objetos.
6.	**uchuva** (9)	Nombre de la fruta del uchuvo (physilis).
7.	**curuba** (9)	Fruta producida por una especie de enredadera.
8.	**chicha** (10)	(de la voz aborigen del Panamá, *chichab,* maíz) Bebida alcohólica producida al fermentar el maíz.
9.	**múcura** (10)	(Voz cumanagota) f. *Bol., Col. y Venez.* Ánfora de barro que se usa para conservar líquidos.
10.	**jeque** (25)	Jefe religioso que gobierna un territorio o provincia.
11.	**chamán** (40)	Hechicero dotado de poderes para sanar a los enfermos, adivinar, invocar a los espíritus, etc.
12.	**Zipa** (54)	Cacique de Bacatá (Bogotá). Jefe, principal gobernante.

1. **Antes de leer**

   1. ¿Qué leyendas conoces tú? Cuéntale una de ellas a tu compañero.
   2. ¿Crees que las leyendas son importantes para cada cultura? ¿Por qué?

Explotación del texto

2. **Vocabulario**

a. *Busca en el texto la palabra subrayada que corresponde a cada una de las siguientes definiciones:*

   1. Grande en cantidad o número.
   2. División de territorio que comprende varias poblaciones.
   3. Hallarse o existir algo dentro de una cosa.
   4. Aplícase al hijo que nace primero.
   5. Cubrir o abrigar con ropa.
   6. Intercambio de productos sin uso de dinero.
   7. Embarcación hecha con tablas y maderos.
   8. Ave del tamaño de la gallina, de plumas largas y coloridas.
   9. Sin haberse desayunado.
   10. Porción de materias combustibles que levantan gran llama.
   11. Conjunto de personas que acompañan a otra.
   12. Gobernante de un estado o comarca de indios.

b.   *Fíjate en las siguientes expresiones del texto y explica su significado.*

Unos a otros (12)
Una a una (54–55)

c.   *Explica el uso de los siguientes términos en el texto:* **fruto** (9), **ante** (31)

d.   **Palabras derivadas**:

Aquí se te dan un participio y dos verbos conjugados que aparecen en el texto.

1.   *Escribe el infinitivo del verbo al que se relacionan y también el sustantivo del cual se originan.*

2.   *Añade otros tres ejemplos a la tabla*

	verbo	sustantivo
se arroparon (3)	*arropar*	*ropa*
se agruparon (16)		
anidada (22)		

3.   **Comprensión**

a.   *Contesta las siguientes preguntas:*

1.   ¿Por qué crees tú que las familias se alistaron en ayunas?
2.   ¿Qué caracteriza todas las cosas que preparaban los indígenas muiscas?
3.   ¿De qué manera se arreglaron para ir a las festividades?
4.   ¿Cómo era el lugar donde se reunió la nación muisca?
5.   ¿Cómo era el sistema hereditario de los muiscas?
6.   ¿Qué ocurrió en la laguna misma?

b.   **En profundidad**

1.   ¿Podrías señalar dónde queda el altiplano cundiboyacense?
2.   Investiga cuál es la laguna más famosa de la zona en la que se dice que se celebraba esta ceremonia.
3.   ¿Y en cuál se descubrió la figurilla de la balsa de oro?
4.   Investiga si posteriormente hubo algún intento de recobrar los objetos de oro de la laguna.

4. **Gramática**

a. *Explica por qué se utiliza el tiempo condicional en:*

> que **ofrecerían** a sus dioses (7)
> la **portarían** en grandes múcuras (10)
> que **comenzaría** muy pronto (24)

b. **El pasado**

1. *Explica por qué se ha usado cada uno de los siguientes tiempos:*

> **estaba** (1) … **se levantaron** (1)
> **depositaba** (2)
> **se preparaba** (6)
> **empezó** (17)
> **se había construido** (29)

2. *Busca dos ejemplos más de cada uno de estos usos y escribe dos oraciones que los incluyan.*

5. **Tus opiniones**

a. *Escoge una de las siguientes declaraciones y discútela con tu compañero o escribe una presentación:*

1. Las leyendas cumplen una función primordial para una comunidad.
2. Una sociedad sin historia es una sociedad a la deriva.
3. Hay que ver para creer.

b. *Discute con un compañero sobre las posibles leyendas que se formen alrededor de nuestra era. ¿Qué eventos de esta época creen que generarían leyendas sobre su generación y cuáles serían los elementos principales?*

3. Miguel de la Quadra-Salcedo, uniendo las dos orillas

Sus ojos han visto selvas, volcanes y mares. Y también guerras. Quizá por eso encierren una mirada que por sí misma habla de la naturaleza del ser humano. Miguel de la Quadra-Salcedo encarna la figura del aventurero, del explorador para el que viajar es ejercicio de hermandad entre pueblos. En un mundo globalizado Miguel todavía lucha por derribar la última de las

5   fronteras; la que nos separa del que no es como nosotros. Unión e identidad son conceptos difíciles de congeniar con un mundo donde todo tiene un precio. Hasta la vida humana.

Una vida de aventura

Su biografía es fiel espejo de su personalidad. O acaso Miguel de la Quadra no sea sino el reflejo de una vida intensa y apasionante. Nacido en Madrid, criado en Navarra, demostró desde joven una pasión innata por la naturaleza, por el deporte…y por romper moldes.

10 Miembro del equipo español en las olimpiadas de Melbourne y Roma, desarrolló una nueva técnica de lanzamiento de jabalina, totalmente legal, que le llevó a superar el record del mundo… en más de veinte metros. La atónita Federación Internacional de Atletismo (IAAF), en una decisión sin precedentes, decidió modificar el reglamento retroactivamente para anular la marca, alegando que con ese estilo lanzaba la jabalina demasiado lejos. Algo así

15 como si quisieran arrebatar la marca de un velocista por correr demasiado rápido. Miguel se vio obligado a rectificar su técnica de lanzamiento… para volver a batir el record mundial. Dos veces más tuvo que cambiar el reglamento la IAAF para evitar que nuestro callado héroe se alzara con el título olímpico. Pero ese no era el oro que realmente anhelaba Miguel de la Quadra. Poco después de la olimpiada de Roma, y ya como ingeniero agrónomo, cruzó

20 el océano para trabajar como etnobotánico para el Museo de Antropología de Bogotá. Este desembarco cambió de manera definitiva su vida y su carrera. Entre 1961 y 1963 vivió con tribus indígenas en la selva del Amazonas, y como primer corresponsal de Televisión Española para Iberoamérica, recorrió un planeta aún virgen, aunque siempre en guerra, para mostrarlo a una sociedad como la española que tímida abría la puerta al mundo.

25 'Tres años en el Amazonas', 'La muerte del Ché Guevara', o 'La larga marcha de los eritreos' le sirvieron para recoger algunos de sus primeros premios internacionales de periodismo, que pronto fueron seguidos por las máximas distinciones al mérito civil. Y le ayudaron también para desarrollar su faceta más importante, como divulgador, que se plasmaría en su más conocido proyecto, su Aventura 92, hoy llamada Ruta Quetzal («pájaro del bienestar»

30 en quechua).

Una aventura en la vida

"La ruta" nació en 1979 aunque seguramente fue concebida mucho antes, en algún rincón de América, o de España, en algún interminable viaje o en una estancia en la ciudad cuando Miguel comprobaba con asombro el desconocimiento mutuo que mostraban los jóvenes de uno y otro lado del océano. Es tanto lo que nos une, mucho más que un idioma o una cultura;

35 una manera común de entender la vida, que le parecía mentira que vivamos tan distanciados los unos de los otros. Fue el propio rey de España Juan Carlos I el que promovió un proyecto que sirviera para unir a los jóvenes de ambas orillas. Y así empezó una aventura que ha unido a más de 8000 jóvenes de 43 países, siendo declarada "bien cultural" por la UNESCO.

Pero ¿qué es la Ruta Quetzal y qué implica? Las primeras ediciones, bajo la denominación de

40 "Aventura 92", quisieron ser un canal para la conmemoración del quinto centenario del encuentro de ambas culturas. Para ello se reunía a jóvenes de América latina y España en un viaje que revivía algunos de los trayectos transoceánicos históricos. Hoy, ya como Ruta Quetzal, el programa reúne a jóvenes de 16 a 17 años de los 43 países iberoamericanos, que son seleccionados por sus respectivos países de acuerdo a méritos académicos y culturales.

45 Durante dos meses, uno a cada lado del Atlántico, exploran y viven en primera persona la realidad cultural, histórica y social de Iberoamérica. En palabras de Miguel de la Quadra "La

mejor enseñanza es el descubrimiento de la cruda realidad del mundo, los valores como la tolerancia, el espíritu de sacrificio, la protección a la biodiversidad de nuestro planeta y la cooperación entre los pueblos." Una experiencia que sin duda moldea una vida, "los chicos y
50 chicas – continúa de la Quadra- salen de sus casas siendo niños de 16 y 17 años y vuelven como verdaderos hombres y mujeres que pasarán a ser el futuro más radical en sus países, dirigiendo empresas, como líderes de sus comunidades indígenas, investigadores, etc."

No sé si todo aquel que ha vivido esa experiencia llegará en verdad a ser líder de sus comunidades. De lo que no hay duda es que "la ruta" ha dejado una huella indeleble en todos
55 los participantes, que sin duda ha cambiado su concepción de la sociedad en que vivimos. Y son aquellos que abren los ojos los que pueden cambiar el mundo.

El programa le ha valido a Miguel de la Quadra múltiples reconocimientos personales. Algún día le valdrá a su vez el premio Príncipe de Asturias a la cooperación internacional, máximo galardón internacional a un proyecto como la Ruta Quetzal. Aunque dudo mucho que sea lo
60 que Miguel espera. Unos ojos que han visto selvas, volcanes y mares, y también guerras sólo ansían poder compartir aquellas visiones con personas que puedan comprenderlas y ayudar a que este nuestro mundo, y nuestra cultura, perduren. Y en eso, Miguel, has triunfado. Enhorabuena.

Sergio Camacho, compositor
Newcastle University

Notas

1. **Las Olimpiadas de Melbourne y Roma** (10)

   Las primeras se llevaron a cabo en 1957 y las segundas en 1960.

2. **"Tres años en el Amazonas"**, …(25)

   Por sus reportajes para la televisión ha obtenido distintos premios, como el Premio Periodismo Pueblo por "Tres años en el Amazonas"; el Premio Nacional de Televisión por "Managua y el Terremoto"; el Premio Internacional de la Crítica de Televisión en Cannes por "La muerte de Ché Guevara" (1967) y el Premio Internacional de Televisión en Montecarlo por "La larga marcha de los eritreos".

3. **ediciones** (39)

   La palabra *edición* se utiliza en muchos más contextos que su homónimo inglés.

Explotación del documento

1. **Comprensión**

   1. ¿Por qué lucha Miguel de la Quadra-Salcedo?
   2. ¿Qué pasión natural mostró Miguel desde joven?

3. ¿Qué logró en cuanto al lanzamiento de jabalina y por qué no logró el oro en tal deporte?

4. ¿Qué hizo entre 1961 y 1963?

5. ¿Qué proyecto promovió el Rey de España, con qué fin y a cuántos jóvenes ha beneficiado?

6. ¿Cuál fue la intención de las primeras ediciones de la Ruta Quetzal?

7. ¿Qué huella imborrable deja en todos los participantes el haber vivido la experiencia de la Ruta Quetzal?

8. ¿En qué sí ha triunfado Miguel?

2. Resumen

Haz un resumen del texto en español en unas 150 palabras.

3. Traducción al inglés

Traduce el penúltimo párrafo (53–56).

4. Gramática

1. ¿Cuál es el sujeto tácito y el verbo omitido en la oración "**Y también guerras**" (1)?

2. ¿Cuál es el predicado implícito de la oración "**Hasta la vida humana**" (6)?

3. ¿Por qué se utiliza el pretérito en **le sirvieron** (26) y **le ayudaron** (27)?

4. Explica el uso del subjuntivo **perduren** (62).

5. Vocabulario

a. Localización de expresiones

Encuentra las frases del texto que signifiquen lo mismo que:

1. Es acción de fraternidad entre las poblaciones...

2. Su historia es un exacto reflejo de su carácter...

3. En dos ocasiones adicionales tuvo que modificar las reglas la Federación Internacional de Atletismo...

4. Y además le auxiliaron para formar su etapa más significativa, como pregonero...

b. Explicación de expresiones

Explica las siguientes expresiones mediante sinónimos, definiciones de diccionario, ejemplos, etcétera:

1. **uniendo las dos orillas** (título)

2. **encarna la figura del aventurero** (3)

3. *Una vida de aventura* (7)

4. *Una aventura en la vida* (31)

5. **trayectos transoceánicos** (42)
6. **huella indeleble** (54)
7. **que abren los ojos** (56)
8. **máximo galardón** (58–59)

6. **Análisis y debate**

Prepárate con un compañero para un debate o para escribir una redacción defendiendo u oponiéndose a una de las siguientes declaraciones.

1. No hay diferencias importantes entre los términos iberoamericano, hispanoamericano, latinoamericano y sudamericano.
2. Es problemático el uso de los términos América y americano e incluso Norteamérica y norteamericano.
3. Si los participantes de la Ruta Quetzal cambian su concepción de la sociedad en que viven también pueden ellos mejorar las relaciones entre España e América latina.
4. Vivir un poco de aventura es obligatorio. Y es mejor hacerlo cuando uno es joven.
5. Vivir la experiencia de la Ruta Quetzal moldea positivamente las vidas de sus participantes.

Sección B: Ejercicios de gramática

1. **Preposiciones**

Aquí tienes una lista de las preposiciones que existen en español. Por orden alfabético te será fácil recordarlas:

> a, ante, bajo, con, contra, de, desde, durante, en, entre, hacia, hasta, mediante, para, por, según, sin, sobre, tras

Completa el siguiente texto con las preposiciones correctas. Añade los artículos cuando sea necesario.

Miguel de la Quadra-Salcedo siempre quiso, ___desde___ (1) la infancia, dedicarse ___a la___ (2) aventura como profesión. ___según___ (3) él, el mundo es un lugar ___en___ (4) que existen fronteras, pero son las que imponemos los humanos y ___por___ (5) eso ha tratado siempre _____ (6) derribarlas, acercando ___a los___ (7) pueblos. ___mediante___ (8) sus esfuerzos nos ha demostrado que las diferencias ___de___ (9) comunidades no son tan enormes como pensamos. Gracias

_____al_____ (10) proyecto de la Ruta Quetzal, puesto __en__ (11) marcha
_____por_____ (12) Miguel, muchos jóvenes que conviven _durant_(13) meses
llegan _____a_____ (14) descubrir valores importantes y la realidad de un
continente como es el americano.

2. **Verbos de cambio**

   Aquí tienes algunos verbos que solemos utilizar en español para traducir el inglés "to become":

   > quedarse, ponerse, volverse, hacerse, convertirse, llegar a ser

   Subraya la opción adecuada en cada frase.

   1. Muchos de los jóvenes que toman parte en la Ruta Quetzal *se vuelven/se hacen/se ponen* amigos.
   2. Con los documentales que realizó, Miguel *se puso/se quedó/se hizo* muy famoso.
   3. Los muchachos *se quedaron/se volvieron/se pusieron* muy impresionados al viajar por América latina.
   4. Además, como el viaje fue en verano, *se convirtieron/se pusieron/se volvieron* muy morenos.
   5. Uno de ellos estaba tan entusiasmado que quería *ponerse/quedarse/convertirse* en indígena.
   6. Desde que regresaron de la ruta, los jóvenes *se han puesto/se han vuelto/se han quedado* más conscientes de la realidad que les rodea.
   7. A Miguel *le quedaba/le volvía/le ponía* muy bien el poncho.
   8. Sin embargo, de la vergüenza, *se hizo/se puso/se convirtió* rojo como un tomate.
   9. Las aventuras, a veces, pueden *llegar a ser/quedarse* peligrosas.

3. **Diferencias de género**

   a. *¿Conoces el femenino de las siguientes palabras?*

héroe herína condesa conde	vaca toro	madrina padrino	tigresa tigre	poetisa poeta
caballo yegua	gallo gallina	amante amante	emperador emperatriz	marqués masquesa	sacerdote sacerdotisa

   b. *Por cada una de estas oraciones inventa tú otra que contenga distinto significado para la palabra subrayada alterando su género. Por ejemplo:*

   Los excursionistas pasaron por la **capital** de Bolivia sin detenerse.
   Los inversores aportaron un gran capital para la construcción del edificio.

   1. El cocinero se hizo un **corte** profundo mientras trabajaba. un corte = una herida / una corte = court→ palace
   2. No había forma de calmar la **cólera** del muchacho. Estaba enfadadísimo. el cólera=disease / la cólera = angry

3. A lo largo de la carretera nos encontramos con muchas **pendientes**. *la = difficulty / el = earrings*
4. Francisco tenía un dolor de **cabeza** colosal, por eso se quedó en casa. *la = head el = head of family*
5. En mi trabajo siempre he buscado el **orden** y la eficacia. *el = organisation / la = order from boss*
6. Los científicos descubrieron una **cura** para la enfermedad. *el = priest / la = cure*
7. Paco realmente es un **pelota** con su jefe, siempre lo está adulando. *el = suck-up / la = ball*
8. Una **editorial** extranjera va a publicar su libro de poesías. *la = editor / la = opinion text*

4. **Tiempos del pasado**

a. **Un cuento**

- *A continuación encontrarás un famoso cuento popular pero está desordenado. Para formar frases coherentes tienes que combinar un elemento de la columna A + un verbo de la columna B (que debes conjugar correctamente) + un elemento de la columna C. Sigue el orden de la primera columna. ¡Suerte!*

  Érase una vez una niña muy bonita…

pedir = to order
preguntar = to ask a question
temer = to fear
disfrazarse = to dress up

El lobo se disfrazó de abuelita

A	B	C
1. La niña se llamaba	a. tener	sola en el bosque.
2. Ella y su mamá vivían	b. pedir	una abuela muy mayor.
3. Caperucita era	c. ir	una niña obediente y alegre.
4. La niña tenía	d. vivir	Caperucita Roja.
5. La abuelita vivía	e. llamarse	en un pequeño pueblo.
6. Un día, su mamá le	f. ser	con el lobo feroz.
7. Así que, Caperucita cogió	g. coger	caminando por el bosque.
8. Cuando iba	h. vivir	su cesta con comida y se fue.
9. de repente, Caperucita se encontró	i. decir	que fuera a ver a su abuelita.
10. El lobo le dijo	j. no asustarse	sino que sentía pena por él.
11. Caperucita se asustó	k. temer	al ver al lobo.
12. Porque ella no le temía	l. encontrarse	"¿Qué llevas ahí, Caperucita?"

- *¿Te suenan los personajes? ¿Podrías terminar de escribir el cuento?*

b. **Consolidación de verbos**

Para terminar con los verbos del pasado, escribe el verbo que aparece entre paréntesis en su tiempo y forma correctos (indefinido, perfecto o imperfecto).

1. Los españoles (encontrar) grandes cantidades de oro en Colombia.
2. La leyenda nos explica cómo el pueblo (llevar) a cabo sus ceremonias.
3. Hasta ahora siempre (pensar / yo) que (tratarse) de una fantasía.
4. ¿Qué (ocurrir) exactamente durante la conquista?
5. Apenas (amanecer) cuando los indígenas (salir) de sus casas.

6. Todavía no (aparecer) todos los objetos que se esconden en la laguna.
7. Los muiscas (ser) gente fuerte y curtida por el sol.
8. Este año (venir) un grupo de expertos para encontrar más oro.

Sección C: Traducción al español

Che Guevara

empobrecidos

Ernesto Guevara de la Serna (June 14, 1928 – October 9, 1967), commonly known as Che Guevara, El Che or just Che was an Argentine-born Marxist revolutionary, political figure, and leader of Cuban and internationalist guerrillas.

lider

As a young man studying medicine, Guevara travelled rough throughout South America, bringing him into direct contact with the

medicina
duro
trayendo

impoverished conditions in which many people lived.

His experiences and observations during these trips led him to the conclusion that the region's socio-economic inequalities could only be remedied by revolution, prompting him to intensify his study of Marxism and travel to Guatemala to learn about the reforms being implemented there by President Jacobo Arbenz Guzmán.

remediar
implementando

la muerte

After his death, Guevara became an icon of socialist revolutionary movements and a key figure of modern pop culture worldwide. An Alberto Korda photo of him has received wide distribution and modification, appearing on t-shirts, protest banners, and in many other formats.

el icono
una figura clave
cultura pop
la modificación
las banderas de protesta
el formato

Adapted from http://en.wikipedia.org/wiki/Che_guevara
Tuesday 8th July 2008

Sección D: Documento sonoro

La música en Bolivia

En el siguiente texto escucharás a un compositor boliviano que trabaja en Inglaterra, el catedrático Agustín Fernández, hablando sobre algunos aspectos de la música de su país.

1. **Toma notas**

a. Acontecimientos de la historia reciente nombrados por Agustín. Proporciona el año siempre que puedas.

	Acontecimientos	Año
Década de los años 50		
Década de los años 60		

b. Tipo de música escuchado tradicionalmente en Bolivia
   - En el campo:
   - En la ciudad:

2.   **En tus palabras**

Explica qué cambio se dio en Bolivia en el panorama musical durante la década de los años 60.

3.   **Comprueba**

Contesta si las afirmaciones son falsas o verdaderas y corrígelas en caso de ser falsas.

1.   El charango consta de 10 cuerdas agrupadas de a dos.
2.   Aun cuando el charango se toca en Bolivia éste no tiene el mismo arraigo que en otros países.
3.   El charango es un instrumento de la región amazónica.
4.   El Alto es un lugar de paso donde únicamente se puede hacer una parada de descanso en las rutas de autobuses con destino La Paz.
5.   La madera con que está hecho el charango de Agustín proviene del árbol de la naranja.
6.   Los charangos clásicos tienen clavijas de metal.

4.   **Busca las expresiones**

¿De qué manera se dice lo siguiente en el texto?

1.   Un renacimiento de la música tradicional
2.   Había habido cierto interés
3.   Se llevaron a cabo ciertos cambios para reclamar algo
4.   Estar interesado en algo
5.   Recuperar la colección
6.   Dio inicio a un gran entusiasmo
7.   Músico muy dedicado a su labor
8.   El mejor instrumentalista de este tipo

Sección E: Temas orales

1.   **Entrevista a un personaje famoso**

1.   *Si tuvieras la oportunidad de entrevistar a un personaje famoso del mundo hispano, vivo o que ya haya muerto, ¿quién sería? Escribe el nombre de esa persona en un papel y dóblalo. En otra hoja, escribe al menos 10 preguntas que le harías a esa persona. Cuando toda la clase esté lista vais a repartir los papeles con los nombres de los personajes y cada uno de vosotros asumirá la personalidad del papel que le ha tocado en secreto. Entonces, en parejas:*

Estudiante A: hace sus preguntas.

Estudiante B: contesta las preguntas de acuerdo a la personalidad que le ha tocado.

Estudiante A: intenta averiguar quién es su entrevistado.

A continuación se intercambian los roles. Se puede cambiar de pareja y entrevistar a más de un "personaje" en la clase.

2. *Otra variante de este juego es la siguiente:*

En grupos de cuatro, cada estudiante piensa en un personaje famoso. También tiene que pensar en cinco pistas que ayuden a describir a esa persona, por ejemplo datos personales. Cuando estéis preparados, cada estudiante dice sus cinco pistas y los demás estudiantes de su grupo tratan de adivinar de qué personaje se trata.

O para hacerlo más difícil: cada estudiante dice una pista por turno y cuando alguien de su grupo piense que ha adivinado el personaje puede decirlo. Así, además de ejercitar la atención, ejercitas la memoria.

2. **Comentario de fotos**

1. *Busca dos fotos, ya sean de paisajes, personas o de cualquier otro motivo que te parezca interesante, que sirvan para ilustrar aspectos del mundo hispano, y coméntalas en clase. Explica por qué las has escogido, qué sensaciones o sentimientos te provocan, cuándo y dónde crees que están tomadas. ¿Qué diferencias observas con respecto a tu país?*

2. *Si lo prefieres puedes contar tu experiencia allí.*

3. **Concurso cultural**

a. *Imagina que estás en el pub y se celebra un concurso con preguntas culturales sobre el mundo hispano. En grupos de cuatro, uno de vosotros será el que lea las preguntas y los otros tres formarán un equipo que tiene que ponerse de acuerdo para contestar las preguntas correctamente. Las respuestas se anotan en un papel y al final el profesor os enseñará las respuestas. El equipo que más puntos obtenga gana.*

---

1. Veinte poemas de amor y una canción desesperada fue escrito por:
   a. Federico García Lorca   b. Pablo Neruda
   c. Miguel de Cervantes
2. Fernando Alonso es un piloto de Fórmula 1 que nació en:
   a. Argentina   b. Chile   c. España
3. ¿Cuántos años gobernó Franco en España?
   a. 39   b. 20   c. 45
4. ¿Cómo se llama la moneda que se usa en Venezuela?
   a. bolívar   b. sol   c. peso
5. ¿En qué año descubrió América Cristóbal Colón?
   a. 1482   b. 1492   c. 1592
6. ¿Qué lengua, además del español, es oficial en Paraguay?
   a. quechua   b. aymara   c. guaraní
7. ¿Cuál de los siguientes platos es típico de Perú?
   a. ajiaco   b. ceviche   c. tamales
8. ¿Qué es el Atacama?
   a. un río   b. un desierto   c. un lago
9. ¿Qué premio recibió Rigoberta Menchú?
   a. el Nóbel de la Paz   b. el Nóbel de Literatura
   c. el Nóbel de Economía
10. ¿Cómo se llamaba el gobernante cubano derrocado por Fidel Castro?
    a. Allende   b. Batista   c. Martí

---

b. *Ahora vosotros. Cada grupo preparará un concurso similar sobre el mundo anglosajón (podéis empezar a pensar las preguntas en clase y terminarlas en casa). Después habrá una batalla de equipo contra equipo. Pero recordad:¡ siempre en español!*

4. **Datos sobre ciudades**

   1. *Si pudieras irte a vivir a alguna ciudad del mundo hispano, ¿cuál elegirías? Vas a hacer un pequeño trabajo de investigación para después hacer una exposición en clase de lo que has averiguado. Primero piensa qué datos crees que le interesará saber sobre esa ciudad al resto de la clase y prepara tu lista. Una vez que hayas expuesto sobre la ciudad elegida por ti tendrás que explicar por qué escogiste esa ciudad con razones de peso frente a tus compañeros que defenderán las suyas, así que¡ prepárate!*

   2. *Ahora imagina una calle del centro de una de las ciudades que acabáis de discutir. Dibújala en un papel con cuidado de que no te descubra tu compañero. Después explica a tu compañero (sin mostrarle el dibujo) cómo te la has imaginado y dale instrucciones para que repita el mismo dibujo que tienes tú. Finalmente podéis comprobar si vuestros dibujos se parecen.*

CAPÍTULO 4

LA EDUCACIÓN

Sección A: Textos escritos

1. 'e-learning': Licenciarse sin pisar la facultad

Con 25 años y un empleo, regresar a la universidad es una tarea de titanes. Falta tiempo y, sobre todo, energía. Pero a quienes aún les pique el gusanillo de los estudios, tienen una alternativa: los campus 'on line'. Dos millones de españoles ya aprenden en ellos.

Hace 12 años, la Universitat Oberta de Catalunya (UOC) ofreció la primera carrera *on line* que se pudo cursar en España. Fue una experiencia pionera que abrió las puertas al *e-learning*, una opción académica que cada día eligen más jóvenes porque permite gestionar el aprendizaje sin pisar las aulas ni desatender otras tareas.

5 ◉ **¿Por qué arrasa?**

El fenómeno se está afianzando, sobre todo, entre quienes tienen entre 28 y 40 años, una edad en la que la formación continuada es imprescindible, pero en la que ganar un sueldo también lo es. El año pasado, más de dos millones de personas realizaron en España algún curso a través de Internet y las empresas del sector facturaron 850 millones de euros. Es una

10 incipiente gallina de los huevos de oro, y por eso la mayoría de las universidades están invirtiendo en mejorar sus plataformas virtuales y ofrecer cada vez más másteres *on line*.

◉ **¿Qué estudios ofrece?**

Los idiomas, las ciencias sociales y los másteres de negocios se adaptan perfectamente al formato virtual. En España, la UOC es la pionera: tiene 45.000 alumnos e imparte 19 títulos

15 universitarios. Entre las públicas, la Universidad de La Rioja (UR) es una de las más avanzadas, con dos carreras virtuales de segundo ciclo, Historia y Ciencias de la Música y Ciencias del Trabajo, pero con exámenes presenciales. La UR se integra en el Grupo Nueve, una plataforma en la que participan otras ocho universidades públicas de toda España y que ofrecen 74 asignaturas virtuales que el alumno puede escoger libremente y examinarse en su

20 propia facultad. El Campus Andaluz Virtual que reúne a diez universidades, también tiene una

oferta similar. Y en Madrid, el próximo curso dará sus primeros pasos la Universidad a Distancia de Madrid.

◉ ¿Es un modelo nuevo?

El *e-learning* no es sino la versión sofisticada de la educación a distancia. Su fundamento sigue
25 siendo la voluntad y el trabajo del alumno, pero el uso de Internet ha cambiado las estrategias didácticas. Tradicionalmente, el índice de abandono en la educación a distancia era altísimo porque el estudiante se sentía aislado y sin compromiso. En el *e-learning*, el alumno dispone de los materiales y las fechas de entrega desde el primer día y no tiene necesidad de perseguir a un profesor fantasma, porque una de las obligaciones de su tutor *on*
30 *line* es estar disponible.

CRISTINA MORENO 31 años
"Debes tener fuerza de voluntad y programarte bien"
▶ Estudia: **Máster semivirtual de Enseñanza del Español como Lengua Extranjera de la Universidad de Nebrija.**

▶ "Estudié Filología Italiana, me enamoré del país y pasé cinco años dando clases de español en Florencia. Tengo una buena formación teórica en lingüística, pero me faltaba una base sólida para la enseñanza del español, por eso me decanté por este máster. Por las mañanas doy clases de español a un directivo de un banco y por las tardes estudio. **Tengo algunas sesiones presenciales y otros cursos virtuales, en los que al final echas más tiempo, porque en Internet es fácil enredarse.** Lo ideal es programarte bien, pero requiere fuerza de voluntad, no abrir el correo personal o saltar de un sitio a otro leyendo cosas interesantes que no vienen a cuento."

IGNASI BUYREU 40 años
"Aprovecho cuando los niños están acostados"
▶ Estudia: **Graduado en Ciencias de Trabajo en la UOC.**

▶ Compaginar mi trabajo como responsable de capital humano en una empresa con la formación, la familia y la vida social es un ejercicio de equilibrio. Aprovecho cuando los niños están acostados, lo que hace que duerma poquísimo. Aunque nunca los he visto, **en la universidad virtual me he encontrado alumnos más maduros y menos pasivos,** porque aquí no tienes más remedio que aprovechar las oportunidades. Quien está en el campus virtual a las tres de la mañana es porque está comprometido de verdad."

◉ ¿Qué ventajas ofrece al alumno?

Con el empleo de toda la tecnología de la web 2.0 (foros, *blogs y wikis*), profesores y alumnos comparten contenidos. La falta de contacto real con los compañeros se soluciona mediante

foros cerrados en los que el profesor interviene cuando los estudiantes se atascan, propone
debates o encarga tareas. Otra ventaja es que los másteres virtuales son más baratos que los
presenciales. Y una más, según Lourdes Guardia, de la UOC, es que el *e-learning* se va a
beneficiar del nuevo marco educativo europeo: "Hasta ahora, los créditos se contaban como
horas del docente (un crédito era igual a diez horas de clase). Pero conforme las
universidades se vayan incorporando al Plan de Bolonia, el sistema de créditos se unificará en
Europa y un crédito irá asociado a 25 horas de trabajo del estudiante."

◉ **¿Hay fraude en este negocio?**
La 'invisibilidad' de la Red facilita los fraudes. Por eso es fundamental que el estudiante, antes
de matricularse, se ponga en contacto con la institución y pida una demostración de cómo
funciona su campus virtual, que debe estar compuesto por un sinfín de elementos
interactivos y por un sistema de contacto inmediato con el equipo pedagógico.

◉ **¿Está bien valorado el *e-learning*?**
Raúl Píriz, consultor de recursos humanos, es muy escéptico sobre el reconocimiento de los
másteres virtuales en el mercado laboral. "Depende de la Universidad que dé el título. Los
másteres presenciales sirven para hacer *lobby* y llamar a la gente diciendo: '¿te acuerdas de
mí?', y eso es algo que no dan los virtuales." Sin embargo, la directora del campus virtual de la
Universidad de Nebrija cree que la educación *on line* no tiene por qué ser un obstáculo para
la cooperación entre alumnos y profesores. "El alumno virtual tiene un nivel de interacción
mucho mayor y es más creativo que el convencional.

Isabel Navarro, XLSEMANAL

Notas

1. **Web 2.0** (32)   No hay un significado preciso para Web 2.0;
principalmente se usa como un término para referirse
de forma general, a todo sitio que sea más que páginas
estáticas. Los sitios Web 2.0 permiten al usuario mayor
interactividad y realizar cosas que en sitios normales no
se puede. *

2. **Blog** (32)   Versión reducida del término "web log". Es información
que un usuario publica de forma fácil e instantánea en
un sitio web. Generalmente un blog se lee en orden
cronológico. *

3. **Wiki** (32)   Un website que permite que los usuarios editen
contenido. Si uno tiene algo que aportar o corregir,
puede oprimir el boton de editar, que usualmente esta
arriba o al final de la pagina, y escribir. Para tener su
propio wiki se necesita software especial. *

* http://glosario.panamacom.com/letra-e.html

1. **Antes de leer**

    1. ¿Has buscado información sobre cursos en línea?

    2. ¿Conoces a alguien que haya estudiado a distancia?

    3. ¿Qué impresión tienes sobre los cursos virtuales?

Explotación del texto

2. **Familiarización con el vocabulario**

a.   *Relaciona las expresiones del texto* (A) *con las palabras o frases de* (B):

A	**B**
1. una tarea de titanes ( )	a. haber necesidad de hacer algo
2. picar el gusanillo ( )	b. distraerse
3. sin pisar las aulas ( )	c. excepcionalmente difícil
4. gallina de los huevos de oro ( )	d. virtualmente
5. un profesor fantasma ( )	e. inalcanzable
6. fácil enredarse ( )	f. entusiasmar
7. no vienen a cuento ( )	g. irrelevantes
8. no tienes más remedio ( )	h. fuente lucrativa

b.   **Vocabulario de la educación**

    1.   *Busca un sinónimo o expresión en el recuadro equivalente para cada una de las palabras del texto.*

el aprendizaje	sesión presencial
la formación	títulos
carreras de segundo ciclo	estrategias didácticas
matricularse	alumnos

       registrarse   **asimilación**   **tácticas pedagógicas**   **educación**

       estudiante   **asistencia personal**   **másteres**   **grados**

    2.   *Escribe frases utilizando las palabras del texto.*

c.   **Terminología de la informática**

    El artículo utiliza muchos términos del inglés como on-line, e-learning. ¿Crees que sea necesario mantenerlos en inglés? Investiga la terminología de la informática en español y prepara una lista de un mínimo de 10 palabras.

3. **Búsqueda de información**

a. *Completa las siguientes oraciones con la información del texto:*

   1. La principal razón por la que muchos escogen hacer sus estudios en línea es ...
   2. Las otras ventajas que encuentran quienes ya han optado por el aprendizaje electrónico son ...
   3. Se pueden estudiar virtualmente cursos como ...
   4. La novedad en cuanto a la oferta de asignaturas es que ...
   5. El éxito de los estudios en línea depende de ...
   6. Los estudios en línea se diferencian de la educación a distancia en que ...
   7. Esta forma de estudiar virtualmente presenta la desventaja de que ...
   8. En ciertos sectores del mercado laboral se opina que el e-learning ...

b. *Haz una lista de las universidades españolas que se mencionan.*

4. **Gramática**

a. **Estar + participio pasado o adjetivos**

   ¿Podrías explicar por qué se usa el verbo 'estar' en los siguientes casos y no el verbo 'ser'?

   1. ... una de las obligaciones de su tutor *on line* es **estar disponible.** (29–30)
   2. Aprovecho cuando los niños **están acostados** (2° recuadro)
   3. ... que debe **estar compuesto** por un sinfín de elementos (44)
   4. ¿**Está** bien **valorado** el e-learning? (46)

b. *Explica el uso de las formas subjuntivas* **duerma**, **vayan** *y* **pongan** *en los siguientes casos:*

   1. ... lo que hace que **duerma** poquísimo (2° recuadro)
   2. Pero conforme las universidades **se vayan** incorporando . . . (38–39)
   3. Por eso es fundamental que el estudiante, antes de matricularse, **se ponga** en contacto con . . . (42–43)

5. **Composición**

   Elige una de las personas entrevistadas en el artículo y escríbele una carta (300 palabras) contándole que quieres hacer un curso virtual. Explícale qué es lo que buscas y pídele consejo sobre las dudas que tienes.

6. **Opinión / debate**

   1. ¿Crees tú que la educación en línea llegará a ser la única forma de acceso a la educación en el futuro?
   2. ¿El computador/ordenador nos libera o nos esclaviza?
   3. El estudio de idiomas se adapta perfectamente al formato virtual. ¿De acuerdo o en contra?

2. Secretos para aprobar a la primera

La imagen del opositor aislado del mundo, sin amigos ni pareja, que vive sólo para estudiar, que casi no sale de su casa y que apenas duerme puede pasar a la historia. Sólo hace falta que Pilar Navarro consiga hacer escuela. Tras licenciarse en Derecho con un expediente rebosante de matrículas de honor y ganar una plaza en la Universidad de Almería –donde
5   imparte clase-, esta abogada almeriense acaba de publicar *Preparar oposiciones con éxito. Las técnicas y los trucos para superar todas las pruebas* (Editorial Planeta).

Tener claro el objetivo: Según Pilar Navarro, para llegar a buen término hay que "tener claro que quieres hacerlo". "Lo haces por ti. La motivación es lo más importante. Decidir opositar es decidir dejar de hacer muchas cosas, pero no es conveniente convertirse sólo en opositor
10   sin hacer nada más", asegura. A su juicio, "uno debe tener motivaciones, como descansar una tarde a la semana o ver a los amigos. Sin embargo, la vida del opositor debe girar en torno a las oposiciones."

Ser constante: En opinión de Navarro, la constancia es más importante que la memoria. "Si se opta por una academia, hay que hacerlo con regularidad, prestando atención y tomando
15   nota", aconseja la abogada, para quien es además fundamental repasar y completar con libros esos conocimientos adquiridos. "Memorizar es lo menos importante" matiza la joven, que entiende que, siguiendo estas pautas, se asimilan mejor los conceptos, y se consiguen respuestas para cualquier pregunta que pueda entrar en el examen. "Así también se elimina el miedo a quedarse en blanco, porque se han comprendido los conceptos, sin tener que
20   memorizar los textos", recuerda. Todo esto es aplicable a las oposiciones, aunque, en ese caso, Navarro asegura que "hace falta más tesón y fuerza de voluntad por parte del estudiante".

Repasar y ensayar: Por experiencia, Pilar Navarro puede atestiguar que lo primero que hay que tener en cuenta es el tipo de examen al que se enfrenta. La profesora considera que,
25   para las oposiciones, son muy importantes no sólo los repasos, sino también los ensayos. Practicar mucho es básico. Como advierte la almeriense, no es lo mismo un examen tipo test que uno de desarrollo de temas o un examen oral. En este sentido, asegura que, en función del tipo de examen, habrá que ensayar para que el día del examen no haya sorpresas. En caso de que sea una prueba oral, Navarro propone entrenar previamente el lenguaje no verbal, los
30   gestos, la mirada, la tranquilidad, la vocalización. "Más que saber de todo y hablar como un papagayo, el tribunal debe comprender lo que estás contando", explica.

Confiar en uno mismo: El pesimismo y la falta de confianza están entre los peores enemigos del estudiante. Por eso, Pilar Navarro recomienda confiar en uno mismo y trabajar la autoestima. Tener una mentalidad positiva es un punto a favor. "Si la materia está bien preparada no tiene
35   por qué salir mal", sostiene con seguridad Pilar.

Huir de los grupos: Pilar Navarro considera el estudio como un acto individual. De ahí que recomiende hacerlo solo, exceptuando, claro está, determinadas pruebas que aconsejan una puesta en común de los conocimientos adquiridos.

Evitar los nervios: A la hora de ponerse ante el libro, lo lógico es que surja el agobio. "Cuando
40 uno va a empezar es normal, y hasta bueno, porque hace que te tensiones y te presiones para
trabajar", observa la abogada, que, no obstante, aconseja no dejarse bloquear por la tensión
hasta el punto de no poder hacer nada. "El agobio no debe llegar el día antes, porque ya no
tienes tiempo. Hay que programarse en función del volumen de materia y del tiempo
disponible", puntualiza.

45 *Memoria fotográfica:* Como indica Navarro, es importante personalizar los apuntes para
mayor comodidad. Bien subrayando con colores, bien escribiendo al margen. El motivo está
en la memoria fotográfica. ¿Quién no recuerda un apunte manchado y lo que decía junto a la
mancha? La memoria fotográfica existe y hay que aprovecharla. "Los libros están para
leerlos, subrayarlos y marcarlos", opina la profesora. Eso sí, siempre fiel al mismo
50 sistema. "Tomar apuntes, escribir en los márgenes, hacer esquemas. . . Cualquier sistema es
válido si a uno le va bien con él", expone.

No distraerse: Optimizar las horas de estudio es otro de los pilares del buen estudiante.
Aunque, según Pilar Navarro, más que planificar el tiempo, hay que planificar la materia. "Si
tocan diez páginas por día, hay que cumplirlo", dice, consciente también de la necesidad de
55 descanso. Cada persona debe hacerlo en función de su ritmo. La profesora almeriense
aconseja hacerlos tranquilos y sin distraerse mucho. "El descanso no debe ser sentarse a ver
la televisión una hora, porque luego se empieza de cero", mantiene Navarro, que tampoco se
muestra muy partidaria de combatir la ansiedad con visitas a la nevera. Al fin y al cabo, como
recuerda la abogada, "si se aprovecha el tiempo, queda tiempo para el ocio".

60 *Cuidado físico:* La alimentación y el descanso son fundamentales. "Más vale dormir ocho horas
y estudiar menos que estudiar más horas con el cuerpo cansado; se rinde menos", indica
Pilar Navarro. A su juicio, hacer ejercicio cuando se acaba la jornada de estudio es muy
recomendable, puesto que ayuda a descansar mejor.

Héctor Barbotta en *Diario Sur*

1. **Antes de leer**

   1. El examen de acceso a la universidad en España se llama Selectividad.
      Generalmente es el momento de más tensión para un estudiante. ¿Has
      pasado tú por algún examen similar? ¿Recuerdas cómo te sentías?
   2. Haz una lista de los problemas que, en tu experiencia, tienen los estudiantes
      que quieren aprobar un examen.

Explotación del texto

2. **Vocabulario del estudiante**

   *Rellena los espacios con la forma correcta de las siguientes palabras provenientes del
   texto:*

El agobio	Los repasos	Los apuntes	Quedarse en blanco	La matrícula de honor
La academia	Los esquemas	El opositor	La materia	El expediente

1. Los padres tienen derecho a obtener la información que deseen del _____ escolar de su hijo.

2. Marcos ha perdido la carpeta que tenía con _____ de clase y ahora está desesperado.

3. Juan ha demostrado ser un alumno sobresaliente, ha sacado cuatro _____.

4. Antes de cada examen hacemos un _____ a fondo de la _____.

5. Pedro y Roberto _____ durante la prueba y no supieron contestar ni una pregunta.

6. Andrea preparó un _____ del discurso para poder recordarlo mejor.

7. Marta es _____ a un puesto de funcionaria del estado.

8. El pobre chico sufría un insoportable _____ cada vez que se acercaba un examen.

9. Blanca tiene que asistir a una _____ todos los días para que le ayuden a preparar las oposiciones.

3. **Expresiones**

a. *Observa estas dos oraciones:*

– "Más vale dormir ocho horas y estudiar menos que estudiar más horas con el cuerpo cansado; **se rinde** menos". (60–61)

– El cobarde **se rinde** sin apenas intentarlo.

1. ¿Cuál es la diferencia entre estas dos oraciones?
2. ¿Cuál es la función de **se** en cada una de ellas?

b. *Ahora observa esta otra oración:*

– "Sólo hace falta que Pilar Navarro consiga **hacer escuela**." (2–3)

1. ¿Qué significa esta expresión?
2. ¿Puedes volver a escribir la frase utilizando tus palabras?

c. *¿Cómo definirías a la persona que "habla como un papagayo"?* (30–31)

4. **Comprensión**

1. ¿Qué importancia le da el texto a la memoria?

2. ¿Por qué hay que tener en cuenta el tipo de examen al que se presente?

3. ¿Cuáles son las barreras principales que debe superar el estudiante?

4. ¿Cómo se propone que manejemos la tensión y los nervios?

5. ¿Qué dos técnicas se mencionan para ayudar a recordar los apuntes?

6. Describe al perfecto estudiante según los consejos que da el texto.

5. **Los acentos**

a. *Busca en el texto que acabas de leer dos ejemplos de la palabra **solo**, una con acento y otra sin acento y explica la regla.*

b. *Traduce al inglés estas dos frases:*

1. "Tener claro que quieres hacerlo."
2. Tener claro qué quieres hacer.

c. *Mira estas dos frases sacadas del texto:*

1. "Si la materia está bien preparada no tiene **por qué** salir mal."
2. "Así también se elimina el miedo a quedarse en blanco, **porque** se han comprendido los conceptos."

Ahora escribe tú una frase con cada término:
– Por qué – Porque – Por lo que – Porqué

6. **Práctica escrita**

En grupos de cuatro haced primero una tormenta de ideas para descubrir qué cosas pueden motivar a alguien a la hora de aprender y estudiar. Después preparad un cartel en el que expliquéis esas razones. Pueden ser de lo más variadas y locas. Intentad ser artísticos.

3. Un programa educativo de vanguardia para los niños y maestros de México

Enciclomedia constituye la edición digital de los Libros de Texto Gratuitos de la Secretaría de Educación Pública (SEP). Su característica principal es que ha vinculado a las lecciones de los libros con los que año con año trabajan niños y maestros en todo el país, diversos recursos didácticos como imágenes fijas y en movimiento, interactivos, audio, videos, mapas, visitas virtuales, recursos de la enciclopedia Microsoft Encarta®, entre otros más.

5

Enciclomedia ha recuperado e integrado la experiencia y el esfuerzo que por años ha realizado la SEP, pues muchos de los recursos pedagógicos que incluye el programa son resultado de proyectos eficazmente probados como Red Escolar, Sepiensa, Biblioteca Digital,

Sec 21, Enseñanza de la Física con Tecnologías (EFIT), Enseñanza de las Matemáticas con
10 Tecnologías (EMAT) y Biblioteca del Aula.

De esta manera, *Enciclomedia* ha integrado un amplio acervo educativo con novedosas rutas
de acceso a la información, a fin de generar aprendizajes más significativos, congruentes con
la realidad que viven las generaciones actuales, así como acercar el uso de las Tecnologías de
la Información y la Comunicación (TIC) de manera equitativa y gratuita a las primarias y
15 secundarias públicas del país.

En atención a las necesidades y actividades de los profesores se creó, además de una
estrategia permanente de capacitación y actualización, el *Sitio del Maestro*: un espacio que
cuenta entre otras cosas con sugerencias didácticas, la digitalización de sus herramientas de
trabajo – avance programático, libro del maestro, ficheros – y un apartado de materiales para
20 el desarrollo profesional; todo ello encaminado a que el maestro aproveche al máximo este
recurso educativo y su labor pedagógica sea más útil.

Con todo este esfuerzo, *Enciclomedia* ha generado un espacio de colaboración social, al
enriquecer permanentemente sus contenidos gracias a la participación de individuos,
organizaciones públicas y particulares, en los ámbitos estatal y federal. Así, la educación
25 pública se convierte en un asunto de todos.

Lo que la gente opina: maestros, alumnos y público en general

"Con *Enciclomedia* estamos a la vanguardia tecnológica, educativa y didáctica. Egresamos
alumnos capaces de recuperar experiencias y competencias para una vida futura a partir de
aprendizajes significativos, duraderos y acordes a las necesidades de su etapa."
30 *Jesús Hilario Ledezma López, director*
Escuela Primaria Estatal "General Anatolio B. Ortega", Sinaloa

"Los alumnos muestran gran interés en cada una de las clases, pues les entusiasma saber que
ahora los temas incluyen alguna sorpresa como rompecabezas, dibujos, juegos en equipo,
crucigramas, interactivos y demás elementos de apoyo."
35 *Eva Angelina Armenta González, profesora*
Escuela Primaria "Venustiano Carranza", Sinaloa

"Me encanta la *Enciclomedia*. Mi maestra no sabe utilizarla muy bien, pero algunos
compañeros y yo le ayudamos un poco (...). *Enciclomedia* fue una gran idea, yo lo tomo
como un divertido juego todos los días. Lo que más me gusta son las lecturas en audio
40 y la ruleta. Pongo más atención a las clases y ahora me gusta más geografía porque la
maestra nos pone videos. Me gustaría que les dieran cursos de cómo usarla a los maestros y
que los niños de secundaria también la tuvieran, pues con ella se les dificultarían menos las
clases."
Dessire Ordaz, alumna de quinto año, Escuela Primaria "Justo Sierra Méndez", Cd. Juárez,
45 *Chihuahua*

"*Enciclomedia* es algo nuevo para aprender con ayuda de la tecnología de manera divertida y actualizada. Con sus actividades y recursos, ahora las clases son mucho más claras"
Alumno de quinto grado, Escuela Primaria "General Anatolio B. Ortega", Sinaloa

50 "*Enciclomedia* los ha motivado a investigar de los propios libros de texto en casa; en años anteriores sólo recurrían a ellos para contestar cuestionarios o hacer resúmenes de lecciones. La manera tradicional de actuar de los niños sin tener *Enciclomedia* se ha transformado en investigar para comprender y razonar."
Madre de familia, Escuela Primaria Estatal "General Anatolio B. Ortega", Sinaloa

55 "*Enciclomedia* es un programa único en el mundo… es una gran aportación para la humanidad pues en ella se explica la evolución de sus culturas como los aztecas y los mayas. Sería de gran valor que todo esto se pudiera traducir al inglés y al chino".
Christina Preston, Presidenta Asociación MirandaNet

"Estoy asombrado de este programa *Enciclomedia*. Estoy plenamente convencido de que será un hito en la educación, no sólo en México, sino en el mundo entero. Alabo, en lo que vale, al
60 diseñador de este programa y a quienes han luchado por implantarlo en México, aun contra viento y marea. Es interesante notar que se estén buscando los mecanismos apropiados para tener los recursos e implantarlo. Vale la pena endeudarse un poco más con tal de tener este programa activo en todo el país. Adelante por México y por la buena educación que nos dará *Enciclomedia*".
65 *Javier Maldonado Bernal*

http://www.enciclomedia.edu.mx/
(artículo adaptado)

1. **Antes de leer**

    1. ¿Qué opinas sobre las nuevas Tecnologías de la Información y la Comunicación (TIC)?
    2. Piensa en las diversas etapas de tu propia educación (primaria, secundaria, bachillerato, universidad) y explica, hasta qué punto han estado tus escuelas a la vanguardia de las nuevas TIC

Explotación del texto

2. **Vocabulario**

a. *Explica las siguientes palabras y frases en* **negrita** *en tus propias palabras:*

    1. "…así como acercar el uso de las TIC de manera **equitativa** y gratuita a las primarias y secundarias… (13–15)
    2. "**Egresamos** alumnos capaces de recuperar experiencias y competencias para una vida futura…" (27–28)

3.   "Alabo, en lo que vale, al diseñador de este programa y a quienes han luchado por implantarlo en México, aun **contra viento y marea**." (59–61)

4.   "Vale la pena **endeudarse** un poco más con tal de tener este programa . . ." (62–63)

b.   *Empareja ambas columnas insertando cada letra (a-h) en el paréntesis correcto:*

1. vanguardia ( )	a. Obra en que se trata de muchas ciencias.
2. alabar ( )	b. *Inform.* Conjunto organizado de informaciones almacenadas en un soporte común.
3. hito ( )	c. Avanzada de un grupo o movimiento ideológico, político, literario, artístico, etc.
4. fichero ( )	d. Acción y efecto de contribuir, añadir, dar.
5. capacitación ( )	e. Persona, cosa o hecho, clave y fundamental, dentro de un ámbito o contexto.
6. aportación ( )	f. Elogiar, celebrar con palabras.
7. acervo ( )	g. Acción y efecto de hacer a alguien apto o de habilitarlo para algo.
8. enciclopedia ( )	h. Conjunto de bienes morales o culturales acumulados por tradición o herencia.

c.   *Construye una oración con **cuatro** de las palabras de arriba para indicar su sentido.*

3. **Comprensión**

1.   ¿Cuál es la principal característica de Enciclomedia?
2.   ¿Qué material se ha integrado en Enciclomedia, cómo y con qué fin?
3.   ¿Qué se ha creado en atención a las necesidades del profesor?
4.   ¿Por qué se dice que Enciclomedia ha generado un espacio de colaboración social?
5.   Explica en tus propias palabras las opiniones de Dessire Ordaz (alumna) y de la madre de familia sinaloense.

4. **Traducción al inglés**

Traduce la opinión de la Presidenta de la Asociación MirandaNet.

4. **Gramática**

a.   *Completa el siguiente recuadro con la parte del habla adecuada:*

verbo	sustantivo	adjetivo
1. capacitar		
2.	educación	
3.		actualizado
4.		vinculado
5.	interactividad	
6. digitalizar		
7.		comunicativo
8.	integración	
9.		desarrollado
10.		egresado

b. *¿Se puede deducir alguna regla o patrón en la formación de estos 10 verbos, sustantivos y adjetivos?*

6. **Análisis y debate**

   Prepárate con un compañero para un debate o para escribir una redacción defendiendo u oponiéndose a una de las siguientes declaraciones.

   1. Indudablemente la calidad de la educación se puede mejorar significativamente mediante la aplicación apropiada de las nuevas TIC.
   2. Mi país está a la vanguardia educativa y tecnológica a nivel universitario.
   3. El uso de Enciclomedia se debería extender a nivel de secundaria (de momento sólo se usa en 5° y 6° de primaria) para enriquecer la experiencia del aprendizaje.

Sección B: Ejercicios de gramática

1. **Verbos como *gustar***

a. *¿Qué otros verbos se conjugan de la misma forma que **gustar**? Proporciona por lo menos seis.*

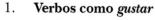

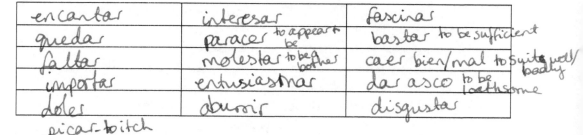

encantar	interesar	fascinar
quedar	parecer to appear/be	bastar to be sufficient
faltar	molestar to be bother	caer bien/mal to suit well/badly
importar	entusiasmar	dar asco to be loathsome
doler	aburrir	disgustar
picar - to itch		

b. *Completa las oraciones con el verbo **faltar**.*

1. A mí _me falta_ ✓ _____ muy poco para terminar el proyecto, y ¿a ti?
2. A ellos _os faltan_ _____ un poco de empeño en el estudio.
3. A él _le faltan_ _____ dos años para graduarse /licenciarse.
4. A nosotros _nos faltan_ ✓ _____ las hojas de clase.
5. A ti, ¿qué es lo que _te falta_ ✓ _____?
6. A vosotros _os faltan_ _____ demasiadas tildes en la composición.

accent

2. **Expresión de acciones reflexivas y recíprocas**

'sí mismo(s)' / 'unos a otros' / 'los unos a los otros' / 'el uno al otro'

Traduce al español las siguientes frases:

1. He wants to do it by himself.
2. The lecturer talks about himself all the time.
3. We have to help each other to finish on time.
4. I told myself 'you have to keep going no matter what'.
5. They deceived themselves thinking they could do it without much effort.
6. They deceived each other.
7. They called each other everyday.
8. They encourage one another.

3. **Diferencias entre adverbios y adjetivos**

Adverbios	Adjetivos
Bien *well*	Bueno *good* (buen)*
Mal *badly*	Malo *bad* (mal)*
	*Estos adjetivos pierden la 'o' antes de un sustantivo masculino singular.

Elige la opción correcta:

1. No me siento (bien) / buen / bueno. ✓
2. El plan salió (mal) / malo. ✓
3. Alicia es muy (bien) / (buena) y ha organizado todo muy (bien) / (bueno). x
4. Las drogas son muy mal / malo / (malas) para la salud. ✓
5. No ha habido un bien / (bueno) / buen verano por dos años al menos. ✓
6. El curso es muy (bien) / (bueno) y de verdad te lo recomiendo. ✓
7. Has tratado muy (mal) / malo a ese chico. ✓
8. Ese es (mal) / malo consejo. ✓ — _advise_
9. No íbamos a hacer nada (mal) / malo. ✓ _todos son posibles_
10. Él es muy mal / (malo) para las matemáticas. ✓
11. ¡Qué dicha que Roberto se portara (bien) / buen / bueno! ✓

happiness
como felicidad.
to behave

(handwritten top: *Habría*)

4. Las condicionales

"No sabes lo confundida que estoy. He comenzado varias oraciones y no sé cómo terminarlas. ¿Me ayudas, por favor?"

1. Si nos necesita, le ayudaríamos *~~ayudaríamos~~* (we'll help him out).
2. Si nos escribiera, le contestaríamos (we would reply).
3. No hubiera habido ningún problema si no hubiera portado así *(un emplea)* (if I had not behaved that way).
4. Si yo fuera más inteligente podría haber obtenido un empleo (I could have got the job).
5. Si te portas bien te permitiré quedar levantarse (I will let you stay up).
6. Daría cualquier cosa si pudiera... (if I could see him one more time).
7. Todavía tendría el puesto si no hubiera llegado tarde tantas veces. (if he hadn't got to work late so many times).

5. y/e, o/u

En las siguientes expresiones indica cuál es la forma apropiada de la conjunción:

1. inactivo (y/e) perezoso
2. perezoso (y/e) inactivo
3. productos (y/e) ingredientes
4. inglés (y/e) español
5. español (y/e) inglés
6. interesante (y/e) importante
7. orgullo (o/u) modestia
8. modestia (o/u) orgullo — *proud*
9. historia (y/e) geografía
10. geografía (y/e) historia
11. geografía (o/u) historia
12. hierro (y/e) acero
13. acero (y/e) hierro
14. hormigas (o/u) moscas
15. moscas (o/u) hormigas
16. moscas (y/e) hormigas

Sección C: Traducción al español

Spanish can open up a whole new world

English is not enough

Being able to speak Spanish can open up a whole new world whether that means travelling in South America, making the most of holidays in Spain or using your language skills to get a better job. Spain is one of the UK's major trading partners and Spanish companies like Mango are springing up on our high streets. That means there has

never been a better time to learn Spanish.

It's a multilingual world and companies are increasingly aware of the advantages of recruiting people with language skills. Spanish is one of the world's major languages with as many first language speakers as English. It is also a language which is growing. By 2050 the

number of Spanish speakers is expected to increase to 530 million, with the Spanish speaking population of the USA alone currently increasing at more than 1 million a year.

A little language can make a lot of difference

You do not have to aim for total fluency. Basic language skills can be very useful to employers

(handwritten annotations: *Poder hablar, si; habilidades, importante, comercial comenzar a brotar, empresa; mejor; multilingüe; cada vez más; la ventaja; saber, relatar; crecer; tantos... como; aspirar; básico; empleadores*)

Pasaporte al Mundo Hispano

Languages improve the quality of your life
Speaking Spanish can open a door to a whole new world. Whether on holiday, meeting people at work, socialising or enjoying cultural life your Spanish language skills will widen your horizons, create new opportunities and increase your

appreciation of what's out there. With so many Spanish speaking countries in the world there are constant opportunities for your Spanish skills to pay dividends whether at work or elsewhere.

Languages Work SPANISH
http://www.languages work.org.uk

and will help you get a lot more out of travel to Spanish-speaking countries. Once you start using your Spanish you'll want to learn more and then your confidence and fluency will snowball. Whatever career you choose to follow, your Spanish skills will help you get more from life.

Sección D: Documento sonoro

El Programa Sócrates-Erasmus: Newcastle y Barcelona (06:43)

1. **Antes de escuchar**

   1. En tu opinión ¿cuáles son las ventajas más importantes de realizar estudios en el extranjero mediante el Programa Sócrates-Erasmus?
   2. ¿Cuáles son los principales desafíos que se te podrían presentar? ¿Cómo podrías afrontarlos?

2. **La experiencia en Newcastle (00:00–03:20)**

   a. *Contesta las siguientes preguntas:*

   1. ¿Cómo se llaman las dos chicas catalanas entrevistadas? ¿De qué universidad vienen? ¿Cuánto tiempo estuvieron en Newcastle?
   2. Explica en tus propias palabras los aspectos positivos a los que ellas aluden en torno a su estancia en Newcastle.
   3. ¿Cuáles son los inconvenientes y los desafíos que se les presentaron durante su estadía en esta ciudad?
   4. ¿Qué les recomendarían ellas a los posibles futuros estudiantes de Barcelona que quisieran ir a Newcastle para que su experiencia fuera lo más fructífera y placentera posible?

   b. *Explica las siguientes expresiones en **negrita** en el contexto de la entrevista.*

   1. Al principio **nos costó bastante** encontrar alojamiento.
   2. La gente es súper **maja**.
   3. Y sabes reconocer a los que tampoco son muy... **agraciados** ¿no? para ayudar.

4. – A mí me cuesta orientarme. . . . como es un sitio nuevo. . .
   – Pero **se pilla** enseguida.

5. "**Coger el toro por los cuernos.**"

c. *Completa la siguiente interacción (que comienza en el minuto 1:24):*

> ¿No tiene **(1)** _____, problemas?
> Mmm. Hombre **(2)** _____ que te **(3)** _____ la gente (de) que
> **(4)** _____ ahí ¿no? La familia y los amigos y el **(5)** _____ también,
> bueno... el **(6)** _____ de vida también es diferente. Te tienes que **(7)**
> _____ un poco a los **(8)** _____ eh . . . no sé, también . . . Sí por
> ejemplo a mí me **(9)** _____ mucho **(10)** _____. Entonces eso
> también; como es un **(11)** _____ nuevo, **(12)** _____ que... con la
> calma. . . y decir. . . bueno "¿a **(13)** _____ para dónde **(14)** _____
> que **(15)** _____? ¿No?

3. **Cómo aprovechar mejor la estancia en Barcelona (03:20–06:43)**

   Contesta las siguientes preguntas:

   1. En cuanto al uso del idioma y al alojamiento ¿qué les aconsejarían las chicas catalanas a los estudiantes ingleses que quisieran ir a Barcelona? ¿Por qué?
   2. ¿Cuáles son los aspectos positivos del transporte en Barcelona?
   3. (El Plan) Bolonia se aplica en Barcelona. ¿Qué se dice sobre este plan?
   4. ¿Qué quiere decir una de las entrevistadas cuando dice **"Nos aprietan"**?

Sección E: Temas orales

1. **Simulación**

a. *Primero lee el siguiente texto que servirá de contexto para este ejercicio:*

> ### Un estudiante de COU pasa 24 horas en el calabozo al ser denunciado por amenazas a sus profesores
>
> Antonio Ruiz, de 17 años, alumno de **COU** del instituto Padre Feijoo de Madrid, pasó casi 24 horas detenido en el **calabozo** de una comisaría, después de que la dirección del centro le denunciase por amenazar a sus profesores. El joven había sido expulsado del colegio pero pretendía seguir asistiendo a las clases. Tras declarar ante el juez, quedó en libertad.
>
> El muchacho fue detenido por la policía el pasado martes en el Instituto cuando se disponía a salir al recreo. Según fuentes policiales, la dirección del centro había

presentado una denuncia que le acusaba de **amenazar de muerte** a tres de sus profesores.

Según la directora del centro, María del Carmen Iglesias, desde el comienzo del curso el muchacho siguió mostrando un temperamento agresivo y **tuvo encontronazos** con varios profesores. "De común acuerdo con sus padres decidimos **darle de baja** para evitar la apertura de un expediente", afirmó la directora.

Sin embargo, Antonio se negó a **acatar** la decisión y trató de seguir asistiendo a clase. Después llegó la **denuncia**. La detención del muchacho provocó el miércoles la suspensión de las clases en el instituto. Los alumnos se solidarizaron con la protesta del padre, que considera desmesurada la actuación policial. La familia de Antonio Ruiz sostiene que había reclamado a la dirección del instituto que convocase al consejo escolar para decidir sobre la posible expulsión.

b. *Ahora en parejas traten de explicar qué significan las palabras o expresiones en* **negrita***.*

c. *Contesten las siguientes preguntas:*

- ¿De qué trata este artículo?
- ¿Cuánto tiempo ha pasado en la cárcel Antonio? ¿Por qué? ¿Qué día y dónde fue detenido?
- ¿Saben lo que es un **Consejo Escolar**? ¿Quiénes lo forman?

d. Simulación Consejo Escolar

1. *Estudien atentamente la siguiente situación y formen dos grupos.*
   En un Consejo Escolar todo el mundo tiene derecho a exponer y explicar sus ideas, pero por supuesto es necesario justificar los motivos de las mismas.

   En la clase se va a convocar un Consejo Escolar formado por los grupos A y B:

Grupo A	Grupo B
Los padres de Antonio, Antonio y sus compañeros creen que el Instituto debe admitir de nuevo a Antonio.	Los profesores y la dirección del centro quieren que Antonio no sea readmitido.

   Los papeles específicos son los siguientes, a variar según el número de estudiantes por clase; puede haber más alumnos y más profesores:

Eres Antonio

- Quieres volver al Instituto para completar tu educación. Cuando amenazaste a los profesores estabas muy nervioso y no lo hiciste en serio. Reconoces que tienes una personalidad difícil e incluso violenta, pero tienes muchos problemas.
- Crees que los profesores no ayudan a los alumnos lo suficiente.

Eres la madre de Antonio

- Crees que es muy injusto que tu hijo haya sido expulsado del Instituto, y sobre todo que la dirección del centro llamase a la policía. Si los profesores no saben cómo tratar a chicos conflictivos, no deberían estar dando clase.
- Antonio tiene muchos problemas, es una persona muy insegura, nerviosa e hiperactiva. Necesita ayuda psicológica.

Eres un compañero de Antonio

- Te parece fatal que Antonio haya sido expulsado y que haya pasado 24 horas en la cárcel. Además sabes que Antonio tiene muchos problemas y que si no sigue en el Instituto abandonará los estudios.
- Estabas en clase cuando Antonio amenazó al profesor. Crees que el profesor había puesto muy nervioso a Antonio haciéndole preguntas personales y poniéndolo en ridículo delante de toda la clase.

Eres el padre de Antonio

- Por supuesto tú también quieres que tu hijo vuelva al Instituto, porque necesita a sus compañeros y tener su apoyo.
- Temes que si Antonio es expulsado definitivamente, esto repercuta de forma muy negativa en su futuro. Crees que tu hijo desea cambiar, pero para ello es necesaria ayuda profesional.

Eres el delegado de los alumnos en el Consejo Escolar

– Como representante de todos los alumnos estás aquí para defender los derechos de tus compañeros, en este caso de Antonio.

– Crees que a veces los profesores no se esfuerzan por ayudar a los alumnos con problemas y que siguen teniendo "la sartén por el mango".

Eres profesor/a

– Antonio te amenazó de muerte en clase. Por supuesto crees que el chico debe ser expulsado. Llevas 10 años dando clase y nunca habías tenido problemas tan serios con ningún alumno.

– No era la primera vez que Antonio causaba problemas en clase. Es un alumno muy conflictivo y peligroso.

– Después de las amenazas has tenido que recibir ayuda psicológica.

Eres María del Carmen Iglesias, Directora del Instituto

– Crees que Antonio debe ser expulsado definitivamente del Instituto. Es un chico muy violento, un mal ejemplo para el resto de sus compañeros y una amenaza para la sociedad.

– Necesita un tipo de ayuda especial que el Instituto no puede prestarle.

Eres profesor/a

– Te solidarizas con tus compañeros amenazados y por lo tanto crees que Antonio no debe regresar al Instituto.

– Crees que necesita otro tipo de ayuda especial, algo que el Instituto no puede ni tiene por qué proporcionarle.

2. *Ahora hagan teatro improvisado siguiendo las siguientes pautas:*

– Asignen un papel específico para cada participante dentro de cada grupo del Consejo Escolar que se acaba de convocar.

– El Consejo Escolar tiene que votar para decidir si Antonio continúa o no como alumno del Instituto. Cada miembro del Consejo tiene un voto.

– Antes de la votación los dos grupos deberán reunirse para buscar razones y justificar su postura en el Consejo. Por orden, cada uno tendrá que intentar convencer a los demás de su postura explicando brevemente su situación y por qué cree que Antonio debe seguir o no en el Instituto. Para que sea más divertido traten de ponerse verdaderamente en la piel de su personaje al desempeñar su papel.

– Finalmente, lleguen a un acuerdo y voten.

Nota

El recuadro de **recursos lingüísticos** que aparece al final de la Sección E del Capítulo 2 les podría ser útil para estructurar y desarrollar su argumentación.

2. **La filosofía de la educación**

a.   Comentarios filosóficos

En parejas comenten el significado de las siguientes cuatro citas:

I.   La Universidad debiera insistirnos en lo antiguo y en lo ajeno. Si insiste en lo propio y lo contemporáneo, la Universidad es inútil, porque está ampliando una función que ya cumple la prensa. *Jorge Luis Borges*

2.   El primer paso de la ignorancia es presumir de saber. *Baltasar Gracián*

3.   Es más hermoso saber algo de todo que saber todo de una cosa. *Blaise Pascal*

4.   El secreto de no hacerse fastidioso consiste en saber cuándo detenerse. *François-Marie Arouet*

b.   Sondeo

¿Estás de acuerdo (✓), no sabes (¿?), o estás en contra (X) de cada una de estas cuatro citas? Indícalo (arriba) al lado de cada una de ellas.

c.   Puesta en común y respaldo filosófico de opiniones

Compara tus opiniones con las de un compañero y mediante un razonamiento claro y convincente respalda tu punto de vista con respecto a cada cita.

CAPÍTULO 5

LOS JÓVENES

Sección A: Textos escritos

1. El botellón

Según las estadísticas, unos 180.000 jóvenes se juntan los fines de semana en lugares determinados de las ciudades españolas para, en torno a un botellón mezclado con licor y bebida con burbujas, bolsas de patatas y tabaco, beber hasta la euforia en el mejor de los casos, o hasta el coma etílico en el peor de los mismos.

5   Un tipo de adolescentes bebe alcohol porque imita los modelos parentales y sociales. El joven que desde pequeño ha aprendido que en una reunión social tienen cabida las copas, con muy alta probabilidad, él hará lo mismo en el futuro. (1) _____, la sociedad alienta y refuerza esta conducta. Se publicitan las bebidas alcohólicas en los medios de comunicación y se las asocia con el éxito, el atractivo personal y otros valores. ¿No es

10   hipócrita, (2) _____, que los adultos censuren un acto que ellos mimos realizan?

Hacerse mayor
Otro grupo de jóvenes ingiere alcohol porque es empujado por el grupo social en el que se inserta y carece de habilidades para decir 'no', o bien preserva su autoestima obteniendo la

15   aceptación de los demás. El alcohol y el tabaco forman parte de rituales de iniciación de esta sociedad, que los adolescentes, desgraciada y equivocadamente, los relacionan con ser mayor. (3) _____, existen adolescentes que se entregan a la bebida porque presentan problemas emocionales y sociofamiliares, manteniendo la convicción de que beber "hace olvidar los malos rollos". Para estos jóvenes, el fin es juntarse para

20   engancharse una borrachera. Beber alcohol resulta al comienzo placentero. Después, (4) _____, se hace para evitar el malestar que provoca no hacerlo.

Alternativas ante el problema de la bebida
Una de las contribuciones para aminorar este problema, está siendo, desde las direcciones

25 de juventud de los ayuntamientos, ofertar un ocio nocturno alternativo para los fines de semana.

Organizar fiestas sin alcohol, abrir casas de cultura, polideportivos, piscinas. (5) _____ , ponerle al joven otro menú de fin de semana que no sea el de acudir a los bares o pubs nocturnos. Otras comunidades autónomas o gobiernos regionales de España se comienzan a plantear la posibilidad de sancionar a los menores que beban alcohol,
30 no sólo al local que le provee del mismo.

La primera medida es necesaria, pues obviamente si sólo ofrecemos bares y locales nocturnos donde el alcohol está al alcance de cualquiera, no les damos a muchos jóvenes la posibilidad de elegir.

(6) _____ la medida sancionadora, existen muchas dudas de si surtirá
35 efecto, ya que los profesionales de la salud conocen de primera mano cómo un menor de edad puede acceder al alcohol a través de otras personas, que lo compran por ellos, y beberlo en lugares secretos.

Plantear programas globales de intervención
La familia, (7) _____ , no debe hacer elogio del alcohol, y ante todo tiene que
40 estar atenta a los hijos, comunicarse con ellos, ponerles límites en este tema y enseñarles a resolver sus problemas, sin tener que recurrir a una estrategia escapista como la bebida. La familia, además, debe educar, desde la más temprana infancia, en el valor de que no son necesarias las sustancias para poder disfrutar y divertirse, porque éstas anulan los sentidos. (8) _____ podremos argumentar contra muchas de las respuestas
45 irracionales de la juventud ante la pregunta de por qué bebes, "porque te lo pasas mucho mejor".

La escuela ha de continuar en la línea de incorporar en sus sesiones de tutoría el tema de las adicciones. Pero la cosa no sólo ha de quedar ahí. Sería deseable que se dedicara más tiempo al aprendizaje de conductas de resolución de problemas, para evitar en lo posible que un
50 joven, ante un disgusto o una inestabilidad emocional típica de la edad, se lance al alcohol. En suma, desarrollar aspectos de la denominada inteligencia emocional para prevenir inadaptaciones futuras.

Las sanciones pueden contemplarse para aquellos casos más graves, pero (9) _____ _____ el joven reciba una atención familiar, terapéutica y educativa, porque una
55 sanción raras veces nos da razones de por qué hay que comportarse de una determinada manera. Tan sólo controla la conducta por efecto de la consecuencia negativa: el castigo.

El beber controlado
Enseñarles a beber controladamente puede conseguir dos cosas. (10) _____ _____ atraerles hacia una intervención psicológica y mantenerles en la misma. Cantidad
60 de jóvenes abandonan los tratamientos y hacen caso omiso a los consejos de la familia y educadores, en cuanto al abandono del alcohol, porque no están dispuestos a renunciar totalmente.

Esto nos sugiere una nueva vía no exenta de polémica. En una sociedad rodeada de estímulos alcohólicos, contradictoria ante los mismos, con familias consumidoras, ¿por qué no enseñar al joven a autocontrolarse con el alcohol lo mismo que con otras facetas de la vida? En algunos casos, combinándolas con otras actuaciones terapéuticas, he observado cambios en los adolescentes, ya que desarrolla el control personal en un mundo donde es necesario aprenderlo.

Francisco González
FGMultimedia

1. **Antes de leer**

    1. ¿Qué sabes del fenómeno del botellón en España? ¿Puedes entender los motivos por los que los jóvenes españoles tienen esta costumbre? Discútelo con tu compañero.

    2. ¿Qué tipo de actividades de ocio alternativas tienen los jóvenes en tu país? ¿Crees que son suficientes?

Explotación del texto

2. **Expresiones**

a. *Aquí tienes algunas expresiones o palabras extraídas del texto original que sirven para enlazar frases o párrafos. Tienes que volver a colocarlas en su sitio.*

en cuanto a	finalmente
siempre y cuando	entonces
por otro lado	o sea
en suma	en primer lugar
de este modo	en cambio

b. *Define con tus palabras lo que significan estos términos que provienen del texto. Además, en esta lista hay tres expresiones cuyo registro es bastante coloquial. ¿Puedes identificarlas?*

1. **Tener cabida** (6)
2. **Alienta** (8)
3. **Rituales de iniciación** (15)
4. **Los malos rollos** (19)
5. **Juntarse** (19)
6. **Engancharse una borrachera** (20)
7. **Aminorar** (23)
8. **Casas de cultura** (26)
9. **Hacer elogio** (39)
10. **Hacer caso omiso** (61)

3. **Comprensión**

1. Resume en pocas palabras los tres motivos principales por los que los jóvenes se sienten tan atraídos hacia la bebida según el texto.
2. ¿Cuáles son las consecuencias típicas de un fin de semana de botellón de acuerdo con el autor?
3. ¿Hasta qué punto pueden ser efectivas las medidas alternativas planteadas por los ayuntamientos?
4. ¿A qué se refiere el autor cuando dice que no hay que **recurrir a estrategias escapistas como la bebida**?
5. ¿Qué papel debe desempeñar la escuela en la educación de los jóvenes en cuanto al consumo de alcohol?

4. **Gramática**

Explica el uso del subjuntivo en estos ejemplos extraídos del texto:

1. ¿No es hipócrita que los adultos **censuren** un acto que ellos mismos realizan?
2. la posibilidad de sancionar a los menores que **beban** alcohol
3. Sería deseable que **se dedicara** más tiempo al aprendizaje de conductas de resolución de problemas.

5. **Antes de leer**

a. *En parejas:*

Estudiante A: Imagina que eres un joven de 17 años que quiere salir con sus amigos de botellón. Intenta convencer a tu padre/madre para que te deje.

Estudiante B: Imagina que eres padre/madre de un joven de 17 años que quiere salir con sus amigos de botellón. Intenta convencerle para que haga algo distinto.

b. *A debate:*

1. ¿Es positivo atajar el problema del consumo de alcohol en menores a través de multas al propio menor que compra bebidas alcohólicas?
2. ¿Qué medidas propondrías tú para solucionar el conflicto del botellón?
3. ¿Quién es más culpable en este asunto: la familia, la publicidad, la escuela. . .?

2. ¿Cómo viven y en qué creen los jóvenes europeos?

Los jóvenes participan poco en organizaciones y asociaciones, utilizan cada vez más las nuevas tecnologías de la información y la comunicación, desean ser autónomos en un entorno seguro. Estas son las conclusiones de la encuesta especial del Eurobarómetro que se realizó en abril y mayo de 2001 entre 10 000 jóvenes europeos (Unión Europea) de 15 a 24
5   años de edad a petición de la Dirección General de Educación y cultura de la Comisión Europea. En dicha encuesta se pidió también a los jóvenes que expresaran su opinión sobre importantes temas sociales como la integración de los extranjeros, la sexualidad o la clonación. Este Eurobarómetro se publica mientras que se elabora un Libro Blanco sobre la política de la juventud por parte de la Comisión.

10   *Utilización creciente de las nuevas tecnologías de la información y la comunicación*
Entre las tecnologías que los jóvenes utilizan al menos una vez por semana, el teléfono móvil figura claramente en cabeza (80 %), con pocas diferencias entre los Estados miembros. A continuación figura el ordenador personal (56 %, frente al 43 % en 1997), aunque el porcentaje de utilización varía enormemente entre el 87 % de los jóvenes neerlandeses y
15   el 41 % de los jóvenes griegos. El índice semanal de utilización de los ordenadores personales es inferior a la media europea en el Reino Unido (48 %), Alemania (52 % e incluso 48 % en los nuevos Estados federados), Portugal (50 %), Irlanda (53 %), Italia (54 %) y Francia (55 %).

Las diferencias entre los Estados miembros son todavía más extremas en cuanto a la utilización de Internet (37 %, frente al 7 % en 1997) y el correo electrónico (31 %, frente al
20   5 % en 1997). La utilización es muy importante en los Países Bajos (76 % para Internet y 69 % para el correo electrónico) y en los países del norte de la Unión Europea (por ejemplo, 74 % y 67 % en Suecia), pero mucho menor por ejemplo, en Grecia (20 % para Internet y 12 % para el correo electrónico).

Entre las demás tecnologías que los jóvenes europeos utilizan al menos una vez por semana
25   se encuentran los CD-ROM (26 %) y los videojuegos (24 %).

Un joven europeo de cada dos no forma parte de ninguna organización o asociación
Este escaso interés por la vida asociativa, que no ha cambiado desde 1997, no debe atribuirse a una falta de capacidad de los jóvenes para interesarse por una cuestión concreta. La única excepción relativa son los clubes deportivos. El 28 % de los jóvenes encuestados
30   señalan que pertenecen o participan en las actividades de un club de este tipo, con diferencias importantes entre los Países Bajos (48 %) y Portugal (13 %).

Las asociaciones religiosas están muy por detrás (8 % por término medio, pero 16 % en Austria y 14 % en Italia), seguidas de las organizaciones juveniles (7 %), los grupos de aficionados (7 %) y las asociaciones culturales (6 %). Sólo el 2 % de los jóvenes forman parte
35   de una organización de defensa de los derechos humanos y el 4 % de un partido político o sindicato.

El Eurobarómetro pone de manifiesto que las actividades favoritas de los jóvenes son,

como era de esperar, salir con los amigos (74 %), la televisión (69 %) y escuchar música (66 %). La lectura, mencionada por el 40 % de los jóvenes encuestados, queda muy por
40   detrás.

Dificultades de los jóvenes para adquirir su autonomía

La encuesta preguntó por las razones que hacen que los jóvenes vivan más tiempo en casa de sus padres. Como era de esperar, los motivos más importantes son las dificultades materiales (67 %) («no puedo costear un alojamiento propio»), seguidas de consideraciones
45   personales como «el confort sin responsabilidad» (37 %) y el deseo de «ahorrar lo suficiente para tener un buen punto de partida» (32 %).

Con respecto al empleo, se observa que, cuando buscan un puesto de trabajo, los jóvenes prefieren sobre todo un empleo estable (18 %) o bien remunerado (18 %), independientemente del tipo de trabajo. La estabilidad laboral ocupa el primer lugar en
50   Portugal (31 %), Francia (23 %) e Italia (22%), mientras que el nivel de remuneración es el criterio decisivo en Irlanda (28 %), Reino Unido (22 %) o España (21 %).

Por último, uno de cada dos jóvenes europeos (52 %) de 15 a 24 años de edad señala que la mayoría de los recursos financieros de que dispone proceden de sus padres o su familia. Este porcentaje ha aumentado desde 1997 en siete puntos. Aunque se trata en la mayoría de los
55   casos de estudiantes, el 20 % de los jóvenes con empleo está también en esa situación. El desempeño de un trabajo regular es la principal fuente de ingresos del 35 % de los jóvenes encuestados.

¿Qué piensan los jóvenes europeos de algunas cuestiones sociales?

Se preguntó a los jóvenes mayores de edad cuál era su opinión sobre temas como la
60   integración de los extranjeros y el racismo y qué pensaban de la posición de los jóvenes de su generación sobre otras cuestiones.

– El 29 % de los jóvenes encuestados considera que en su país hay demasiados extranjeros (un 8 % opina que no hay muchos y un 7 % que podría haber más). El 27 % de las personas encuestadas piensa que los extranjeros establecidos en su país deberían tener los mismos
65   derechos que los nacionales. Las actitudes más abiertas frente a los extranjeros se encuentran en los países escandinavos, los Países Bajos, Luxemburgo y España, y la más hostil, en Grecia.

– El 59 % de los jóvenes mayores de edad piensa que su generación acepta el derecho de los homosexuales a contraer matrimonio (un 7 % más que en 1997), pero que es más reticente
70   con respecto a la adopción de niños por parejas homosexuales (en 1997, el 41 % estaba en contra y el 36 % a favor). Los jóvenes griegos, italianos e irlandeses son los menos favorables al matrimonio homosexual: 38 %, 39 % y 44 %, respectivamente).

– Son mayoritariamente favorables a la eutanasia (54 %, es decir un 5 % más que en 1997). Esta práctica cuenta con gran aceptación en los Países Bajos (80 %), Bélgica (72 %) y
75   Dinamarca (71 %).

– Las opiniones favorables a la pena de muerte retroceden claramente con respecto a 1997: si entonces el 36 % de los jóvenes mayores de edad consideraban que su generación era favorable a la pena capital, hoy dicho porcentaje se ha reducido al 27 %.

– La clonación de seres vivos sigue chocando con la reticencia de los jóvenes: sólo un 12 % (9 % en 1997) de los encuestados opina que su generación es favorable a ella.

80

EUROBAROMETER

http://ec.europa.eu/public_opinion/archives_en.htm (arículo adaptado)

© European Communities

1. **Antes de leer**

a. *¿Con cuál de las siguientes cuestiones sociales estás **más** de acuerdo (sólo una)? ¿Por qué?*

1. La adopción de niños por parejas homosexuales
2. La pena de muerte
3. La igualdad de derechos para los extranjeros
4. El derecho de los homosexuales a contraer matrimonio
5. La eutanasia

b. *¿Y **menos** de acuerdo (sólo una)? ¿Por qué?*

Explotación del documento

2. **Comprensión**

1. Ordena de mayor a menor, la frecuencia de uso **a nivel europeo**, de las siguientes tecnologías colocando el número correspondiente (entre el 1 y el 6: 1= mayor, 6 = menor uso) en el paréntesis adecuado:

( ) Los CD-ROM	( ) El ordenador personal (la computadora)
( ) El teléfono móvil	( ) El correo electrónico
( ) Los videojuegos	( ) Internet

2. ¿Cuál tipo de organización o asociación recibe mayor interés y cuál menor?
3. ¿A qué corresponden los siguientes porcentajes: 74%, 69%, 66% y 40%?
4. ¿Cuáles son las dos principales causas por las que los jóvenes prolongan su estancia en casa de sus padres?
5. Enumera las siguientes cuestiones sociales de la más a la menos favorable **a nivel europeo** de acuerdo a las estadísticas **más recientes**:

   i. ( ) La pena de muerte
   ii. ( ) La clonación de seres vivos

    iii.   (   ) La igualdad de derechos para los extranjeros

    iv.   (   ) El derecho de los homosexuales a contraer matrimonio

    v.   (   ) La eutanasia

3.   **Vocabulario**

a.   *Contesta las siguientes preguntas:*

1.   ¿Cómo se le llama a un natural de los Países Bajos; es decir cuál es el gentilicio? Aunque forma parte de los Países Bajos ¿cuál es el "sinónimo" de este país que a menudo se usa de forma intercambiable? ¿Cuál es el gentilicio de ese lugar?

2.   ¿Cómo se le llama al texto que contiene documentos diplomáticos y que los gobiernos publican en determinados casos, para información de la opinión pública?

3.   Si un barómetro (en este contexto) es una "cosa que se considera índice o medida de un determinado proceso o estado" p.ej. *La prensa es un barómetro que señala el grado de cultura de un pueblo.* ¿Qué es un Eurobarómetro?

4.   Si un escandinavo es un natural de Escandinavia y ésta es una región del norte de Europa ¿puedes mencionar tres países escandinavos? ¿Cuáles son los gentilicios correspondientes?

5.   Si "remunerado" es el participio adjetival ¿cuál es el infinitivo y cuál es el sustantivo?

b.   *Rellena los huecos con la forma correcta de las siguientes palabras provenientes del texto:*

la reticencia   poner de manifiesto   encuestado   costear   reticente

1.   Los jóvenes encuestados muestran cierta reserva, desconfianza o _____ con respecto a la adopción de hijos por parejas homosexuales es decir hasta cierto punto se muestran reservados, desconfiados o _____ en torno a esta cuestión.

2.   Sus padres siempre _____ los estudios de Raúl.

3.   El estudio ha expuesto al público o ha _____ que los jóvenes todavía se oponen a la pena de muerte.

4.   Los jóvenes _____ tenían entre 18 y 29 años de edad.

4.   **Análisis y debate**

Prepárate con un compañero para un debate o para escribir una redacción defendiendo u oponiéndose a una de las siguientes declaraciones o contestando la pregunta.

1.   ¿Cómo viven y en qué creen los jóvenes de tu pueblo o ciudad?

2.   Si tuvieras que escoger **sólo una** nueva tecnología ¿cuál escogerías? ¿Por qué?

3. ¿Por qué crees que existe un escaso interés entre los jóvenes por la vida asociativa a nivel europeo?

4. ¿Crees que es mejor un trabajo estable o uno que esté bien remunerado? ¿Por qué?

5. ¿Opinas que hay demasiados extranjeros en tu país?

3. La Tuna; brindis a la vida bohemia

Trovadores, pícaros, galanes. Una noche de ronda. Serenatas bajo un balcón. Capas sembradas de cintas bordadas con versos que hablan de amor. Palabras todas que parecen evocar un tiempo pasado. Tal vez lo sea. Pero aún hay quien cree que la vida bohemia es compatible con el mundo actual. Les llaman tunos, tuneros o tunantes y son representantes
5 de una tradición tan antigua como la primera universidad. Y de eso hace más de quinientos años.

Para encontrar los orígenes de la Tuna debemos remontarnos a principios del siglo XIII, cuando bajo el auspicio del rey Alfonso VIII se fundó en Palencia el primero de los "Studium Generale", precedente directo de lo que serían las universidades. A estos centros acudían
10 jóvenes de diversa condición, ávidos de experiencia y conocimiento. La vida de estudiante nunca fue fácil, y menos aún para los que no tenían quien les mantuviera. Surgieron así los sopistas, estudiantes que cambiaban canciones y simpatía por un plato de sopa (de ahí les sobrevino el nombre) y alguna que otra moneda que les ayudara a financiar sus estudios. Ante cualquier imprevisto, iban siempre pertrechados con un tenedor y una cuchara de
15 madera, no fuera a ser que la sopa se escapara por no tener con qué degustarla. Pronto estos cubiertos se convirtieron en símbolo y distintivo de los sopistas y aún perduran como tales entre sus herederos, los tunos.

Los sopistas fueron la manifestación en España de un fenómeno que se desarrolló en toda Europa, conocido como los goliardos, y del que aún se pueden encontrar reminiscencias en
20 la vida universitaria de distintos países. Las referencias en la literatura española acerca de la bohemia estudiantil son numerosas; en el año 1300, el "Liber constitutionem" de la Universidad de Lérida prohibía explícitamente las rondas nocturnas de los escolares, *so pena* de perder sus instrumentos. El rey Alfonso X, conocido como "el sabio", se refiere en su obra "Las partidas" a los sopistas como "Esos *escholares* que *troban* y tañen instrumentos
25 para haber mantenencia". Tanto en el 'Libro del Buen Amor' del Arcipreste de Hita, como en el poema anónimo "Razón de amor y denuestos del agua y el vino", se encuentran referencias a estudiantes "nocherniegos y andariegos", vestidos con capas de las que penden cintas bordadas por sus amores.

Las tunas tal y como hoy las conocemos tienen su origen en la norma dictada en 1538
30 "Instrucción para bachilleres de pupilos", que ofrecía alojamiento a los estudiantes que no podían costearlo. Estas residencias no mezclaban los estudios, y eran regidas por los

estudiantes veteranos, que debían aleccionar y apoyar a los alumnos nuevos. Estos novatos, desconocedores de la vida estudiantil, eran a menudo centro de las bromas de los veteranos, hasta que, una vez superado el pupilaje, eran admitidos como uno más en la fraternidad. La

35 "Historia de la vida del Buscón" de Quevedo, ilustra estas costumbres que todavía hoy perduran: "¡Viva el compañero, y sea admitido en nuestra amistad; goce de las preeminencias de antiguo; pueda tener sarna, andar manchado y padecer el hambre que todos!". Habitadas en su mayoría por sopistas, se decía de las residencias que no eran ejemplo de estudio serio, como ya encontramos en "La vida del Pícaro Guzmán de Alfarache", en el que se dice que

40 sus habitantes "... no querían ver libro, ni atender a lo que habían venido a la Universidad; jamás se les caían las guitarras de las manos".

Los tunos de hoy han sabido mantener la esencia de la tradición en un mundo que huye de ella. Los podrás encontrar en la universidad y en el casco antiguo de cualquier ciudad de España. O incluso más allá. La Tuna se extendió de la mano de la lengua y la cultura hispana, y

45 rara es la ciudad de Latinoamérica que no oiga en sus calles estudiantinas, rondallas o troveros. Portugal, país hermano, también adoptó a la Tuna en sus facultades, añadiendo, con sus ritmos frenéticos y pausadas melodías, su propia identidad. Mención aparte merecen las tunas holandesas que, en un ejercicio de amor a la cultura española, cantan en una lengua tan lejana a la suya. Todas visten jubón, mallas, calzas o gregüescos, siempre negros, con unos

50 faroles en las mangas donde se deja ver el color de su universidad. Sobre el pecho, una beca; banda de fieltro o tela donde está bordado el escudo de la facultad, y que sólo portan los tunos veteranos. Los novatos, o "pardillos", aún son centro de las bromas y chanzas de los tunos, en un aprendizaje que les llevará a saber afrontar con éxito la vida de tuno y a representar su tradición. La capa, portadora de cintas, se ha visto en el último siglo rematada

55 por los escudos de los países y ciudades que sus dueños han visitado. Son los viajes centro importante de la vida del tuno, viajes siempre llenos de lo inesperado de la aventura.

La música, eje fundamental sobre el que gira la Tuna, también ha evolucionado con los años. El repertorio de folclore español se ha visto enriquecido con la música de los países de Iberoamérica, añadiendo con ello nuevos sonidos e instrumentos. A las guitarras, laúdes y

60 bandurrias ahora acompañan charangos, cuatros o bombos. Y la pandereta, vital en la Tuna por su baile... y por su utilidad a la hora de recoger las propinas de la audiencia.

Viajes, música, "parches", rondas, certámenes, amigos para toda una vida. La Tuna es un ejemplo de tradición en un mundo que pierde su memoria. Los tunos pasan, pero la Tuna sigue. ¿Y qué ocurre en su vida cuando la dejan? Algunos continúan cantando y tocando en

65 orquestas de pulso y púa, otros abandonan para siempre la música y se dedican a ejercer su carrera profesional. De las tunas han salido escritores, actores, políticos e incluso algún presidente de gobierno. Todos parte integrante de una tradición que representa la esencia de la cultura española.

Y yo... ¿qué puedo decir? Diré que yo también canté, que amé y viajé por el mundo. Diré que

70 hice amigos que me acompañarán toda mi vida. Diré que descubrí la vocación de mi vida, la

música, y aprendí de ella todo lo que sé. Pero, ante todo, diré que soy tuno. Y que lo seré hasta que muera.

Sergio Camacho, compositor,
Newcastle University

La Tuna de Ingenieros Navales de Madrid

Notas

1. **pasar el parche** (62)   Recoger contribuciones de los oyentes
2. **orquestas de pulso y púa** (65)   Grupos musicales compuestos por instrumentos españoles de pulso y púa como bandurrias, laúdes y guitarras

1. **Antes de leer**

   1. Nombra algunas tradiciones culturales de tu país.
   2. ¿Podrías nombrar alguna tradición relacionada con las universidades o los estudiantes?

Explotación del texto

2. **Vocabulario**

   Escoge la acepción correcta de cada palabra o expresión según el contexto:

   1. *ronda*
      a. Camino exterior e inmediato al muro de circuito de un pueblo o contiguo al límite del mismo.
      b. Reunión nocturna de mozos para tocar y cantar por las calles.
      c. Vigilante, guardián nocturno.

   2. *remontar(se)*
      a. Ahuyentar, espantar.
      b. Rehenchir o recomponer una silla de montar.
      c. Subir hasta el origen de una cosa.

3.   *pender*
    a.   Estar colgada, suspendida o inclinada alguna cosa.
    b.   Estar subordinado a una persona o a una cosa.
    c.   Estar por resolverse o terminarse un pleito o negocio.

4.   *buscón, ona*
    a   Que busca, que hace diligencia para encontrar algo.
    b.   Dícese de la persona que hurta rateramente o estafa.
    c.   Mujer de mala vida.

5.   *afrontar*
    a.   Poner una cosa enfrente de otra.
    b.   Hacer cara a un peligro, oponerse, resistir.

3.   **Comprensión**

a.   *Explica con tus propias palabras:*

1.   ¿Quiénes eran los sopistas? Y ¿de dónde deriva su nombre?
2.   ¿Qué se hacía en el año 1300 para tratar de controlar la bohemia estudiantil?
3.   ¿Qué significa la siguiente cita del texto: "... jamás se les caían las guitarras de las manos"?
4.   ¿Cómo se visten los tunos? Investiga los términos que se usan en el texto.
5.   ¿Se ha mantenido la música en su estilo original?
6.   ¿Qué quiere decir el autor con la siguiente frase: "Los tunos pasan pero la Tuna sigue"?

b.   *En profundidad*

¿Por qué existen tunas holandesas?

4.   **Los pronombres relativos**

a.   *Estudia las siguientes frases del texto:*

1.   ... se fundó en Palencia el primero de los "Studium Generale", precedente directo **de lo que** serían las universidades. (8–9)
2.   La vida de estudiante nunca fue fácil, y menos aún **para los que** no tenían quien les mantuviera. (10–11)
3.   ... vestidos con capas **de las que** penden cintas bordadas por sus amores. (27–28)

b.   *Busca otras tres frases del texto en las que se usan pronombres relativos.*

c.   *Ahora a practicar. Añade los pronombres relativos, con o sin preposición según sea necesario, al interrogatorio que le hace una chica a su amiga.*

1.   ¿Es este el coche te recogió Santiago?
2.   ¿Son estas las joyas me hablaste?

3. ¿Es esta la secretaria le entregaste la carta?
4. ¿Es esta la respuesta te envió?
5. ¿No es este el lugar te propuso matrimonio?
6. ¿Es este el vestido llevabas puesto esa noche?
7. Ya entiendo la razón lo has dejado todo.
8. Este es el chico carisma se ganó a todo el mundo.

5. **Tus opiniones**

1. ¿Crees que la participación en grupos culturales como la Tuna, es algo positivo? ¿Por qué?
2. ¿Crees que el ayuntamiento o la universidad deberían hacer más para animar a todos los jóvenes a participar en grupos culturales? ¿Qué sugerencias propones?

Sección B: Ejercicios de gramática

1. **Las construcciones comparativas y superlativas**

Repasa las construcciones comparativas y superlativas y completa las oraciones del diálogo con las partículas apropiadas basándote en el texto 2 de este capítulo.

Pepe: ¡Oye! ¿Sí sabías que en el Reino Unido se utilizan los ordenadores personales por semana _____ en países como Irlanda, Italia y Francia?

Juan: ¿De dónde sacaste ese dato?

P: Pues de un estudio que encuestó a _____ 9500 jóvenes europeos.

J: Y ¿de qué más te enteraste?

P: Que el teléfono móvil es la tecnología _____ popular en todas partes.
Y que los jóvenes holandeses usan el ordenador personal _____ todos los demás jóvenes de la Unión Europea.
Y que el correo electrónico se emplea _____ Internet.

J: Bueno, pues ahora tienes en la cabeza _____ cifras _____ las que puedes digerir.

P: Sí, pero soy la persona _____ informada.

J: Pero hablas _____ una cotorra y esto es ¡ _____ lo que me puedo aguantar! Esta conversación es _____ aburrida que he tenido hoy.

P: Puede ser, pero tú eres la persona _____ paciente _____ conozco.

2. **Falsos amigos**

a. *Las siguientes parejas de palabras ¿son 'falsos amigos' o 'amigos fieles'? Si se trata de falsos amigos indica cuál es la traducción correcta.*

Inglés	Español	¿Falso/fiel?	Traducción correcta
conference	conferencia		
lecture	lectura		
idiom	idioma		
practice	practicar		
topic	tópico		
unique	único		
actually	actualmente		
relative	relativo		
comprehensive	comprensivo		
denounce	denunciar		
attend	atender		
realize	realizar		
revise	revisar		
entertainment	entretenimiento		
correspondence	correspondencia		

b. *Elige el significado correcto de la palabra subrayada.*

1. The subject we will be discussing today is verbal agreements.
   a. sujeto   b. asignatura   c. tema
2. The meeting will resume in fifteen minutes.
   a. resumir   b. reanudar   c. reasumir
3. The discussion will revolve around two issues.
   a. retorcer   b. revolver   c. girar
4. Despite the fall out he was very gracious.
   a. gracioso   b. refinado   c. cortés

5. That's a <u>disgrace</u> !
    a. desgracia   b. caída   c. vergüenza
6. He is just <u>pretending</u> to be ill.
    a. fingir   b. pretender   c. presumir
7. The lecturer will <u>advise</u> you on the topic.
    a. avisar   b. aconsejar   c. notificar
8. It will be a <u>casual</u> affair.
    a. casual   b. ocasional   c. informal
9. Your task is to <u>record</u> (1) all the <u>dates</u> (2).
    (1) a. grabar   b. recordar   c. anotar
    (2) a. dátiles   b. fechas   c. datos
10. I'll get there <u>eventually</u>.
    a. casualmente   b. eventualmente   c. finalmente

3. **Orden de las palabras**

Aun cuando hay bastante flexibilidad en el uso del español respecto al orden de las palabras hay algunas reglas que no debes romper. Identifica las oraciones que presentan faltas y corrígelas.

1. ¡Viene un autobús!
2. Se llevarán probablemente a cabo los exámenes de admisión en agosto.
3. Jacinta ha siempre sido una estudiante ejemplar.
4. Se las entregaré mañana.
5. Un calentador portátil de gas.
6. Se nos olvidó lo hacer ayer.
7. Explícame qué el trabajo consiste en.
8. Eso fue lo que me di cuenta de.

4. **Verbos que presentan dificultades para los angloparlantes**

Traduce el verbo entre paréntesis o elige uno de los dos verbos que se te dan utilizando la forma correcta en ambos casos.

1. Los estudiantes _____ (*be ready*) para empezar el examen cuando sonó la alarma.
2. Para aprobar los exámenes tienes que _____ (*be ready*) a estudiar mucho.
3. Le he _____ (*ask*) cinco veces que me devuelva el libro.
4. ¿Ya le _____ (*ask*) si te presta los apuntes?
5. Tú ya me _____ (encontrar / conocer). No recibo ningún trabajo después de la fecha límite.
6. ¿Dónde te vas a _____ (encontrar / conocer) con tus amigos?

7. Ayer _____ (encontrar / conocer) a un chico de lo más interesante. Es el pinchadiscos de la discoteca 'Paraíso'.
8. Acabo de _____ (mirar / ver) el atardecer más bello.
9. _____ (mirar / ver) todo lo que hemos logrado hacer.
10. ¿Qué película quieres _____ (mirar / ver)?
11. ¿Será posible _____ (creer / crear) todo lo que nos promete esta compañía?
12. Este compositor _____ (creer / crear) una pieza musical tan inusual que llama mucho la atención.
13. Aprehendieron a los ladrones en el momento en que _____ (consumir / consumar) el atraco a la joyería.
14. No has dejado de _____ (consumir / consumar) grasas a pesar de que te lo prohibió el médico.

Sección C: Traducción al español
Slow Burn: A Century of Cumbia

"What's up? You should put on your seatbelt." So says Pablo Lescano as I climb inside his SUV, en route to the first of two gigs his six-piece band *Damas Gratis* is headlining tonight in Buenos Aires. The king of Argentine cumbia drives something like he plays the keytar: twitchy, generous, impulsive. "Friday's not the big night for parties," he explains, one hand on the wheel, the other flipping through CD-Rs so that the fat-ass cumbia basslines announcing our presence to the block change every sixty seconds or so. "Tomorrow we play nine different shows. We'll have to drive fast." The downtown that slides past his tinted windows looks like a whiter version of Paris, but Lescano hails from tropical northern Argentina, which never gave a damn about Europe, much less the States.

We screech to a halt, avoiding a fender-bender by a few inches. "We play like a live DJ," he explains. "When one song gets tired—poom!—we rip into another. We don't do set lists. We pull out anything." *Damas Gratis*—which means "Ladies Free"—could easily draw a crowd of fifteen thousand, but here in Argentina, no venue wants that many cumbia fans— poor, young, from the wrong barrios—gathered in one place. So they play fifteen separate thousand-person shows in two days. Call it distributed stardom, as good a metaphor as any for the global spread of cumbia, a category as wide as rock in Latin America.

According to one legend, cumbia is what happened when Colombian natives and black slaves found accordions washed onshore from a German

shipwreck. Some view its tropical skank as the missing link between upbeat salsa flash and the dubwise languor of reggae. The deceptively simple sound mutates everywhere it goes, but its telltale hallmark is an unhurried 4/4 groove built around low drums and raspy shakers in a distinctive slow train pattern. These days the classic minor key accordion melodies are interchangeable with guitar, flutes or synths (cumbia's not dogmatic). Old and new singers love to shout "Cuuuuumbiiaaa," distending their syllables the way the genre stretches meaning.

By Jace Clayton (extract)
*The Fader-Fader55 http://
www.thefader.com/features/
2008/7/30/
fader-55-cumbia-feature*

Sección D: Documento sonoro
Planes para salir de marcha (04:46)

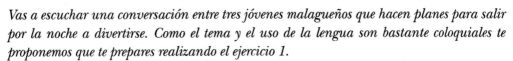

Vas a escuchar una conversación entre tres jóvenes malagueños que hacen planes para salir por la noche a divertirse. Como el tema y el uso de la lengua son bastante coloquiales te proponemos que te prepares realizando el ejercicio 1.

1. **Antes de escuchar**

    1. ¿Qué expresiones típicamente coloquiales conoces en español? Intercambia tus conocimientos con un compañero y preparad una lista.
    2. ¿Qué puede ser un botellódromo? Imagina y, si puedes, infórmate.

2. **Inmersión en el lenguaje**

a. *Ahora escucha con atención la conversación, prestando atención al vocabulario que utilizan. Intenta explicar qué significan estas palabras según el contexto y proporciona sinónimos siempre que sea posible.*

   - colega
   - cubata
   - barrendero
   - presencia policial
   - toneladas
   - 5 euros por cabeza

b. *Une las dos columnas para formar expresiones que aparecen en la grabación. Escribe las expresiones completas y explica qué significan según el contexto.*

Formar	beber
Darse	el rollo
Hincharse de	jaleo
Gastar	la marimorena
Crear	una pasta
Contar	paseítos
Armar	basura

c. *Expresiones. Escucha la grabación y decide según el contexto si estas expresiones coloquiales y de jerga juvenil son para demostrar incertidumbre, sorpresa, rechazo, admiración, acuerdo; para rogar o explicarse.*

Hombre, yo qué sé. . .	¡Madre mía!	¡Qué chulo!
¿Sabes qué pasa. . .	¡Qué tostón!	Eso digo yo. . .
No sé qué. . .	¡Qué guay!	Vale. . .
Bueno, venga. . .	¡No me digas!	Anda, tía. . .
¡Cómo eres, hija!		

incertidumbre	sorpresa	rechazo	admiración

acuerdo	ruego	explicación

3.   **¿Has comprendido?**

a.   *¿Verdadero o falso? Corrige las que sean falsas.*

1.   Uno de los principales alicientes del botellón es conocer gente nueva.   V   F
2.   Ahora los jóvenes pueden disfrutar mejor del botellón que antes.   V   F
3.   Por lo que te cuesta una copa en un bar puedes comprar una botella.   V   F
4.   Los vecinos se quejaban porque el botellón duraba toda la semana.   V   F
5.   La policía no debería entrometerse en los asuntos de los jóvenes.   V   F
6.   No se suele informar mucho sobre las formas de ocio alternativas.   V   F
7.   Al salir de botellón los jóvenes se reúnen pasada la medianoche.   V   F

b.   *Explica en qué consiste la "movida sin".*

c.   *Anota todas las diferencias que se expresan respecto a cómo se celebraba el botellón antes y cómo se celebra ahora.*

d.   *¿Qué preparativos hacen antes de salir de botellón?*

e.   *¿Quiénes son "los chinos"?*

Sección E: Temas orales

1.   **El programa radial**

¿Has llamado alguna vez a algún programa?
¿Te interesa escuchar sobre los problemas de otros?
¿Escuchas o ves en la tele programas de este tipo?

a.   *Esta actividad se debe realizar en parejas o en grupos de tres estudiantes. Cada estudiante tendrá asignado un papel, deberá tomar notas y prepararse para pedir consejos para solucionar su problema.*

b. *Cada estudiante debe explicar su problema y pedir ayuda al otro (u otros dos) que actuará como profesional y ofrecerá consejos prácticos. Hay que recordar que se trata de un programa radial y por tanto la conversación se estará llevando a cabo por teléfono. Cada estudiante debe cerrar su libro y solamente usar sus notas.*

Estudiante A

¡Quiero estudiar medicina pero estudio ingeniería y no la quiero dejar!

Tengo 20 años y quiero estudiar medicina. Siento una gran pasión por ayudar en emergencias por medio de una ONG. Ahora estoy en mi tercer año de ingeniería y no quiero dejarla pero me faltan dos años y medio para terminar los estudios y la edad me preocupa. Mis padres tienen 58 años y quiero darles el gusto de obtener un título en vida de ellos. ¿Qué me aconsejan?

Estudiante B

No me gusta mi trabajo ¿Qué debo hacer?

Me hace infeliz mi trabajo, lo siento como una carga, las personas son muy malas y el ambiente es asqueroso. Cada vez que voy rumbo al trabajo quisiera no llegar nunca. Muchos me dicen que no me queje porque gracias a Dios tengo trabajo, y además me pagan bien, la verdad en ninguna empresa me pagarían más de lo que gano aquí. Q ¿Qué consejos me darían para intentar que se me pase más rápido el tiempo en el trabajo? ¿o debe abandonarlo y empezar de nuevo?

Estudiante C

¿Cómo puedo enamorar a una joven arquitecta, apasionada por su trabajo pero muy tímida?

Me gusta mucho una chica que trabaja en el mismo edificio que yo pero parece muy tímida. Sé que trabaja en una compañía de arquitectos, que le apasiona su profesión y que le encanta la natación. He intentado hablar con ella pero siempre me responde con monosílabos. Además, yo odio las piscinas y sufro de acné. ¿Hay alguna esperanza para mí?

---

c. *Cada grupo debe escribir tres consultas diferentes que serán intercambiados entre los grupos. Cada estudiante estudiará su nuevo papel y se procederá a hacer el juego de roles nuevamente.*

2.   **Frases célebres sobre "la juventud"**

a.   *Escoge una de las citas, y coméntala con tu compañero y luego con el resto de la clase. Explica por qué la has escogido, si te sientes reflejado en esa cita, si crees que es verdadera o no o qué te ha hecho pensar. Pide la opinión a tus compañeros, quizás ellos piensen de otra forma.*

"La juventud es el descubrimiento de un horizonte inmenso, la vida." *J.Rodó (1872–1917), escritor y periodista uruguayo*	"La juventud es un defecto que se corrige con el tiempo" *Enrique Jardiel Poncela (1901–1952), comediógrafo español*
"No se nace joven, hay que adquirir la juventud. Y sin un ideal, no se adquiere." *José Ingenieros (1877–1925), sociólogo y psiquiatra argentino*	"La tragedia de la edad no es ser viejo, sino que se sea joven y la gente no lo vea." *Andrés Segovia (1893–1991), músico español*
Juventud, divino tesoro ¡ya te vas para no volver! *Rubén Darío (1867–1916), poeta nicaragüense, considerado como el padre del Modernismo*	"No te escudes en la edad, que es así como se envejece. La juventud es un estado de ánimo." *Carmen Martín Gaite (nacida en 1925), escritora española*
"Tal vez algún día dejen a los jóvenes inventar su propia juventud" *Quino, Joaquín Salvador Lavado, n. en 1932, dibujante argentino, creador del personaje Mafalda*	"El camino de juventud lleva toda una vida" *Pablo Picasso (1881–1973), pintor español*
"Al hombre le obsesiona el mito de Fausto, que no es otra cosa que procurar mantener una juventud que se nos escapa de las manos." *Ivo Pitanguy (nacido en 1926), cirujano estético brasileño*	"No basta con ser joven. Es preciso estar borracho de juventud con todas sus consecuencias" *Alejandro Casona (1903–1965), comediógrafo español*

b.   *Intenta escribir con tu compañero, alguna frase que refleje lo que esta etapa de la vida significa para ustedes.*

3. **Ocio alternativo**

a. *Cada estudiante llenará la siguiente ficha:*

> – ¿Qué haces para descansar o relajarte?
>
> – ¿Qué haces como pasatiempo?
> – ¿Con qué regularidad?
>
> – ¿Qué actividad, que no hayas hecho nunca, te gustaría ensayar?

b. *Discute con tu compañero sobre lo que te gusta hacer y qué te gustaría probar. ¿Hay activi-dades que se podrían enseñar entre ustedes? ¿Cómo podrían organizarse para hacerlo?*

c. *Eres miembro de un grupo de jóvenes a quienes el Ayuntamiento ha encargado producir un programa de ocio alternativo para los jóvenes de tu ciudad. La clase se dividirá en grupos de cinco o seis estudiantes. Un estudiante será el que ponga por escrito las sugerencias del grupo y de ser posible se usarán hojas tamaño A1.*

Pueden seguirse los siguientes pasos:

– *Hacer una lluvia de ideas sobre actividades que puedan interesar a los jóvenes y que no supongan consumo de alcohol.*
– *Escoger las tres actividades más populares. Hacer una lista de lo que se necesitaría para llevarlas a cabo en términos de espacio, dinero, campaña promocional.*
– *Cada grupo explica su propuesta al resto de la clase.*

Actividades adicionales

- *Cada grupo redacta una carta al Ayuntamiento exponiendo su propuesta y la presenta oralmente a la clase.*
- *Cada grupo hace un afiche para anunciar el nuevo programa a los jóvenes de la ciudad.*

CAPÍTULO 6

EL MUNDO DEL TRABAJO

Sección A: Textos escritos

1. Instrucciones para utilizar la plantilla *"CV Europass"*

La elaboración de un curriculum vitae (CV) o currículo es una etapa importante en toda búsqueda de empleo. Es frecuente que el currículo sea el primer contacto con el futuro empleador; así pues, el CV debe llamar inmediatamente la atención de quien lo lee, y exponer los motivos que hacen conveniente convocar al aspirante a una entrevista.

5 *Atención:* Los empleadores no destinan por lo general más de un minuto a cada CV cuando hacen su primera selección inicial entre las candidaturas recibidas. Por ello, si un CV no causa una buena impresión inmediata, quedará automáticamente marginado.

Lea con atención las informaciones siguientes antes de completar la plantilla de su CV Europass. Antes de completar el curriculum vitae, recuerde algunos principios importantes:

10 *Cuide la redacción de su CV*
Presente sus cualificaciones y competencias de manera clara y lógica, para resaltar su valor personal. No olvide detalle importante alguno, ni de fondo ni de forma (¡nada justifica una falta de ortografía!)

Concéntrese en lo esencial
15 – un CV debe ser breve: en la mayoría de los casos, dos páginas bastarán para resaltar un perfil personal; tres páginas pueden ser ya demasiadas en muchos países, incluso si la experiencia laboral es excelente;
– cuando la experiencia profesional sea aún breve (si acaba usted de salir del sistema educativo), describa primero la educación y la formación recibidas y mencione después
20 sus periodos de prácticas o de formación en centros de trabajo;
– concéntrese en los datos esenciales que favorezcan particularmente su candidatura: pueden omitirse las experiencias de trabajo y las formaciones antiguas o irrelevantes para el puesto al que se aspira.

Adapte su CV al puesto de trabajo pretendido

25 Compruebe sistemáticamente su CV cada vez que piense enviarlo a un empleador, para ver si se corresponde con el perfil requerido; ponga de relieve las ventajas personales que responden a los requisitos específicos del puesto al que aspira. Un buen conocimiento de la empresa le ayudará a ajustar su CV al perfil adecuado.

Atención: Tenga cuidado de no inflar artificialmente su CV; correría el riesgo de ser
30 descubierto durante una entrevista.

Respete la estructura del modelo

El curriculum vitae Europass le permite presentar sus cualificaciones y aptitudes de una manera lógica:

– informaciones personales;
35 – descripción de la experiencia profesional;
– descripción de sus cursos de educación o formación (que un aspirante con escasa experiencia laboral podrá incluso mencionar antes de la sección "Experiencia de trabajo"; para invertir el orden de estas dos secciones, utilice el comando "copiar/pegar" disponible en su sistema de tratamiento de texto);
40 – descripción detallada de sus capacidades y competencias, obtenidas en el curso de la formación, de la carrera profesional o de la vida cotidiana.

Observaciones:

– imprima su curriculum vitae sobre papel blanco;
– respete el tipo de letra y el formato propuestos;
45 – no subraye ni marque frases enteras con negrita o mayúsculas: eso perjudica la legibilidad del CV;
– evite que una sección (por ejemplo la lista de cursos de formación) quede repartida entre dos páginas (utilice para ello la función «salto de página» disponible en su sistema de tratamiento de texto);
50 – las casillas que contienen las diferentes secciones no aparecerán al imprimirse el documento.

Sea claro y conciso

La lectura del CV debe permitir al empleador hacerse una idea de su perfil de competencias en pocos segundos. Por lo tanto:

55 – utilice frases cortas;
– concéntrese en los elementos relevantes de su formación y de su experiencia profesional;
– justifique las interrupciones en sus estudios o en su carrera profesional.
– elimine simplemente toda sección sobre la que no tenga nada relevante que decir (p. ej.
60 si no tiene 'Capacidades y competencias artísticas' o si considera que dichas capacidades no enriquecen particularmente su candidatura, borre toda esta sección utilizando la orden de "cortar" o "suprimir" en su sistema de tratamiento de texto. Todas las líneas

marcadas con un asterisco (*) en la plantilla Europass son opcionales y pueden suprimirse si se consideran irrelevantes).

65 *Pídale a alguien que lea su CV una vez acabado*
Una vez acabado, compruebe su CV cuidadosamente, para eliminar toda falta de ortografía y para estar seguro de que se encuentra formulado con claridad y lógica.

Pídale a alguien que revise por favor su CV, para asegurarse que su contenido es claro y fácil de entender.

EUROPASS
http://europass.cedefop.europa.eu
© European Communities

Notas

El CV Europass   El CV Europass sustituye al CV Europeo creado en 2002. Quien desee hacer uso del sistema Europass puede comenzar elaborando su CV Europass, que permite presentar las capacidades y cualificaciones personales, y al que pueden adjuntarse otros documentos Europass. Los pormenores sobre este sistema se encuentran en la página de Internet: http://europass.cedefop.europa.eu

1. **Antes de leer (en parejas)**

   1. ¿Cuál sería el trabajo que <u>no</u> harías bajo ninguna circunstancia? ¿Por qué?
   2. Ahora utiliza la siguiente estructura para presentarte:

      – Información personal
      – Empleo ideal deseado
      – Experiencia (relevante) de trabajo

      – Educación y formación profesional
      – Capacidades y competencias (p.ej. lingüísticas, sociales y organizativas)

Explotación del documento

2. **Comprensión**

a. *Para resumir cómo redactar un buen currículo, traduce al español los siguientes cinco principios básicos (sin consultar el texto):*

   1. Concentrate on the essentials
   2. Be clear and concise
   3. Adapt your CV to suit the post you are applying for
   4. Take care over the presentation of your CV
   5. Check your CV once you have filled it in

b. *Explica cada uno de estos cinco principios en tus propias palabras.*

c. *Contesta las siguientes preguntas:*

1. ¿Por qué es importante que el currículum vitae cause una impresión favorable inmediata?
2. ¿Qué se debe hacer para crear esta impresión?
3. ¿Qué entiendes por la expresión **ni de fondo ni de forma** (línea 12)?
4. Una vez terminado ¿por qué se debe comprobar y revisar el currículo?

3. **Gramática: el modo imperativos**

a. *Localiza los primeros tres ejemplos de verbos en forma imperativa en el texto (10–15) y úsalos como punto de partida para completar el siguiente recuadro:*

verbo	tú	vosotros	usted	ustedes

b. *¿Cuáles son las normas que rigen la formación del imperativo en estos casos?*

c. *Usando estas reglas, completa la siguiente tabla con las formas correspondientes:*

verbo	tú	vosotros	usted	ustedes
pensar				
concentrarse				
ser				
imprimir				
tener				

4. **Vocabulario**

a. *Clasifica cada una de las siguientes palabras en el cuadro que mejor encajen:* llamar, empresario, citar, solicitud, aspirante, jefe aspiración, patrón, solicitante y contratante.

empleador	candidato	candidatura	convocar

b. *Empareja ambas columnas insertando cada letra (a-i) en el paréntesis correcto.*

1. ( ) perfil	a. Verificar, confirmar la veracidad o exactitud de algo.
2. ( ) tratamiento (o procesamiento) de textos	b. Conjunto de normas que regulan la correcta escritura de una lengua.
3. ( ) comprobar	c. Poner de relieve, destacar algo haciéndolo notar.
4. ( ) cualificación	d. Cualidad de lo que se puede leer.
5. ( ) ortografía	e. Proceso de composición y manipulación de textos en una computadora.
6. ( ) revisar	f. Exagerar, abultar hechos, noticias, etc.
7. ( ) legibilidad	g. Conjunto de rasgos peculiares que caracterizan a alguien o algo.
8. ( ) inflar	h. Ver con atención y cuidado o someter algo a nuevo examen para corregirlo o enmendarlo.
9. ( ) resaltar	i. Preparación para ejercer determinada actividad o profesión.

c. *Construye una oración con **cinco** de las palabras de arriba para indicar su sentido, en el contexto de la elaboración de un currículo.*

d. *Traduce las siguientes expresiones al español (no todas están en el texto).*

1. Education and training	4. A-Level Chemistry
2. IT skills and competences	5. Understanding, speaking and writing
3. GCSE Maths	6. Desired employment

5. **Escritura de un Curriculum Vitae Europass personalizado**

   1. ¿Cuál es tu trabajo ideal para el próximo año o para cuando te gradúes? Reflexiona y decide.
   2. Utiliza la plantilla del *CV Europass* que se encuentra en el sitio de Internet antes mencionado y prepara un currículo para tu empleo ideal siguiendo las pautas del Texto.

2. La ley de igualdad o falta de realidad

**Tras la reciente incorporación al Código Civil de la Ley de Igualdad para hombres
y mujeres, algunas de éstas hacen públicas sus quejas sobre sus deficiencias.**

La recientemente aprobada Ley de Igualdad ya ha dado mucho que hablar. Con algo menos
de un mes desde que se llevara a cabo, muchos políticos ya han dado muestras de
inconformismo respecto a ella. Y es que la igualdad entre los hombres y las mujeres debe ser
un hecho que además de plasmarse dentro del reglamento civil, debe llegar a ser un hecho
5   real, y eso parece que no es tan fácil como una votación en el Congreso.

La pasada semana la concejala de Consumo y Atención al Ciudadano del Partido Popular en
Huelva, Josefa Rodríguez, presentó su dimisión ante el ayuntamiento de la ciudad arguyendo
que la ley de igualdad resultaba un mero trámite, y que ella como mujer dentro del
Ayuntamiento se sentía como una "mujer florero", ocupando uno de los puestos del
10   gobierno para cubrir la reciente norma paritaria.

Esta ley obliga a que los partidos políticos sean paritarios en sus listas electorales, es decir,
que el número de personas de cada sexo no sea superior al 60 ni inferior al 40 por ciento.
Además, el anteproyecto de la ley recoge diversas medidas laborales, políticas y sociales, que
persiguen evitar la discriminación como el reconocimiento del derecho a la conciliación de
15   la vida personal y laboral, el fomento de una mayor corresponsabilidad entre mujeres y
hombres en las obligaciones familiares, y el establecimiento de medidas para prevenir el
acoso sexual en el trabajo.

Por otra parte, la nueva ley también aborda los tratos desfavorables relacionados con el
embarazo o la maternidad, que perjudican a un gran número de mujeres que en ocasiones
20   llegan a perder sus puestos por este motivo.

El pasado lunes 19 se daba a conocer la noticia de forma inesperada, y fue la propia edil la que
convocó una rueda de prensa para explicar los motivos de su dimisión. "La política de
igualdad del alcalde no existe, y en el equipo de gobierno no se creen el papel de la mujer".
Así de contundente se mostraba la ex concejala, cansada de la situación que vivía dentro del
25   ayuntamiento de Huelva. "Sus órganos de gobierno están ocupados por hombres, en su
mayoría. Y en algunos casos, un mismo hombre tiene dos o tres cargos, habiendo mujeres
muy válidas alrededor, no lo digo por mí. Y no hay mujeres del PP en cargos importantes en
Huelva. Y ellas lo saben perfectamente". Como intento de justificarse ante el abandono de
su puesto, Josefina explicaba que no quería "ser cómplice de la dejadez de funciones del
30   alcalde, Pedro Rodríguez, y de su equipo de Gobierno en solucionar los problemas de los
ciudadanos porque ven una Huelva alejada de la realidad". Según sus comentarios, las
peticiones realizadas por parte de las mujeres de su gobierno nunca eran escuchadas, y las
mantenían en sus puestos para cumplir con su obligación, negándoles la capacidad de operar
por su cuenta y trabajar en el proyecto común de la mejor gerencia posible de la ciudad de
35   Huelva. Detallando los momentos más claros de discriminación general hacia las mujeres en

el ayuntamiento, Rodríguez apuntaba: "En las ruedas de prensa nunca salía una concejala hablando, y eso que éramos cuatro".

Críticas y deficiencias

40 Pero la polémica está servida, ya que estos días se han oído otras muchas voces respondiendo a la recurrente Ley de Igualdad.

La diputada nacional por el PP de Ciudad Real, Carmen Quintana, se mostró muy crítica ante la nueva ley, explicando los motivos por los que su partido se había abstenido en la votación. Según sus declaraciones: "la ley resulta muy rimbombante pero con poca eficacia jurídica, porque persigue la igualdad numérica pero no real". Además consideraba que "no corrige la 45 mayor desigualdad de las mujeres, que es la económica y el desempleo femenino, que es el que no permite a las mujeres tener independencia".

Y bien es cierto que sobre la diferencia de salarios, esta nueva ley no ha hecho ninguna referencia, siendo este tema uno de los más significativos en cuanto a la valoración de la mujer en el trabajo. Por otra parte, esta reforma costará a la Seguridad Social alrededor de 50 490 millones de euros, que serán destinados entre otras cosas al cobro de las prestaciones por la ley de paternidad, que tras varios proyectos, será finalmente ampliado y podrán beneficiarse unos 300.000 padres que deseen acogerse a la reforma.

Pero ante esta lluvia de críticas, el gobierno central no parece desilusionado sino todo lo contrario. La vicepresidenta del Gobierno expresó recientemente en sus declaraciones que 55 "esta ley va mucho más allá de las exigencias de la UE, no sólo es un paso más." Por último, y para concluir con los deseos de la fructuosidad de la nueva normativa, De la Vega puntualizaba: "Nos queda un largo camino que recorrer juntas para exigir el derecho a la igualdad real y efectiva de oportunidades. Estoy también convencida de que la inmensa mayoría de los hombres nos acompañarán en el recorrido de este camino, que queremos 60 que sea corto".

Con todo este revuelo, lo que hace falta realmente es que la sociedad, tanto hombres como mujeres, reaccionen y actúen sin necesidad de normas y legislaciones, y que la igualdad sea un hecho por el que haya que debatir.

Marta Gómez

CAMBIO 16 N. 1.843 Grupo EIG Multimedia (artículo adaptado)

Explotación del texto

1. **Comprensión**

   Completa las siguientes frases basándote en el texto:

   1. No todos los políticos están conformes con la nueva ley puesto que ...
   2. La concejala Josefa Rodríguez declaró que su posición dentro del Ayuntamiento ...
   3. La paridad en las listas electorales de los partidos políticos significa que ...

4.   Para evitar la discriminación de las mujeres la nueva ley parte de la siguiente base:

5.   La ex concejala Rodríguez explicó que en el ayuntamiento de Huelva los hombres ...

2.   **Vocabulario**

a.   *Encuentra la definición correcta en la columna de la derecha para cada uno de los siguientes términos:*

1. plasmarse (4)   a. Concejal
2. dimisión (7)   b. Cada una de las diligencias que exige la realización de un negocio o asunto.
3. trámite (8)   c. Ostentoso, llamativo
4. edil (21)   d. Renuncia a un cargo, abandono de un empleo o comisión.
5. rimbombante (43)   e. Concretarse

b.   *Explica en tus propias palabras lo que significan las siguientes expresiones:*

1.   **mujer florero** (9)
2.   **no se creen el papel de la mujer** (23–24)
3.   **alejada de la realidad** (31)

c.   *En el texto aparecen una serie de palabras y conceptos con su término opuesto manifiesto o implícito (la antonimia). Rellena el siguiente recuadro con los antónimos apropiados:*

mujer	hombre
maternidad	
femenino	
igualdad	
empleo	
real	
eficaz	
existente	
favorable	
significante	
ilusionado	
dependencia	
beneficiar	
ampliado	

3. **Gramática**

a. *Observa esta frase:*

— "...las peticiones realizadas por parte de las mujeres de su gobierno nunca **eran**
65   **escuchadas**". (32–33)

    1.   ¿Crees que aquí el verbo "**ser**" denota una *acción* o un *estado*?
    2.   ¿Cómo llamamos a este tipo de construcción?
    3.   Escribe una oración usando esta construcción.
    4.   Busca otros dos ejemplos en el texto.

b. *Ahora observa esta otra frase:*

— "**Estoy** también **convencida** de que la inmensa mayoría de los hombres nos
acompañarán..." (58–59)

    1.   ¿Crees que aquí el verbo "estar" denota una *acción* o un *estado*?
    2.   Escribe una oración con el mismo tipo de construcción.
    3.   Busca otro ejemplo en el texto

c. *Traduce las siguientes frases:*

    1.   The telephone was invented in 1876 by Alexander Bell.
    2.   The university was founded in the nineteenth century.
    3.   The house is thoroughly clean.
    4.   Lolita was betrayed by her husband.
    5.   The bath is ready.
    6.   The door was open when I arrived.
    7.   This letter was written by the lawyer with the client's full knowledge.
    8.   Your father would be pleased to hear that.

d. *Completa la tabla con las formas verbales que faltan.*

hace	hizo	haga	hiciera	hiciese
	dio			
			se llevara	
		sirva		
recoge				
				conociese
	expresó			
arguye				
	se sintió			

3. La otra cara de las uvas

Probablemente no haya ninguna solución viable a corto plazo para resolver el problema de la inmigración irregular. Pero, con toda seguridad, la peor solución posible es la que pretenden aplicar muchos agricultores de Castilla-La Mancha en la inminente vendimia: utilizar sin papeles a miles de rumanos que vivaquean por los pueblos manchegos. Sobre

5   la marcha.

Porque ésa no es la solución, sino lo contrario, la perpetuación de situaciones injustas y falsas salidas. Los propietarios han desoído el llamamiento de las autoridades a contratar en origen o, en todo caso, a tramitar el papeleo de los rumanos y búlgaros que se hallan de hecho en España. Durante meses se han dormido. No en los laureles, sino en las vides que ya entraban

10   en granazón. Ahora todo son prisas. Hay 2.750 millones de kilos en el campo, pendientes de una recolección que no puede demorarse. Hace años que los españoles huyen de la vendimia, uno de los trabajos menos duros del campo, al que veinte años atrás se apuntaban estudiantes, mujeres y otros sectores habitualmente no agrarios ("las vacaciones del trabajador", llamaban los jornaleros de mi pueblo, Trebujena, a esta faena). Se ha solucionado

15   con máquinas que zamarrean los racimos hasta que cae el fruto. Vendimia por agitación, podría decirse.

Es lo que se lleva en las zonas vitícolas más desarrolladas: maquinismo general, pero no para ahorrar los sueldos de los trabajadores, sino para suplir la falta de trabajadores. No cabe, pues, el discurso incendiario y saboteador contra la mecanización de otras épocas.

20   Pero en Castilla-La Mancha falta cultura empresarial, y posiblemente dimensión, para ir por esa vía. Allí han estado echando mano de los mecanismos del pasado más oscuro: la selección arbitraria de jornaleros cada amanecer en la plaza del pueblo. Como hacían antiguamente los capataces en nuestra Andalucía. En sus manos estaba que muchas familias comieran o no.

25   El procedimiento es una afrenta a la dignidad de los trabajadores y supone una restauración del caciquismo. Lo que ha variado es que ahora no puede usarse con los nacionales. Sólo con los extranjeros indefensos y sin papeles que se hacinan en campamentos inmundos para ver si cae alguna peonada. No se suele mirar de frente esta otra cara de la inmigración llamada ilegal: al lado de los inmigrantes sin papeles están los patronos que los emplean en

30   condiciones que solamente pueden aceptar los sin papeles. Es lo que menos cuenta en la lucha contra la inmigración irregular. De eso se habla poco.

José Aguilar
Diario Málaga Hoy y otros del Grupo Joly

Explotación del texto

1. **Primera aproximación**

     1.   Lee el título del artículo y piensa, ¿de qué crees que trata?

2. Ahora lee el primer párrafo y compara con tus ideas previas, ¿sabes ya de qué puede tratar el artículo? ¿Qué dos temas principales se discuten en el texto?

3. Haz una lista, ¿Qué tipos de puesto de trabajo suelen ocupar los extranjeros en tu país? ¿Por qué?

2. **Comprensión**

Elige la opción (a, b o c) que tú creas adecuada según el texto.

1. El uso de personas contratadas de manera ilegal:
   a. es una solución a corto plazo para el problema de los inmigrantes.
   b. es algo inevitable puesto que a los agricultores les falta mano de obra.
   c. es un gesto que no ofrece una verdadera solución sino que empeora la situación.

2. Han empezado a utilizarse máquinas en el trabajo de la vendimia porque:
   a. en realidad, el trabajo de la vendimia es demasiado fácil y no da mucho dinero.
   b. ya no queda nadie dispuesto a hacer este trabajo entre los españoles.
   c. la modernización se impone, desplazando a mujeres y estudiantes.

3. En Castilla-La Mancha están tomando unas medidas que:
   a. son injustas para los trabajadores y recuerdan épocas en las que éstos no tenían derecho alguno.
   b. benefician a los empresarios puesto que pueden contratar a quién ellos quieran.
   c. al menos dan de comer a un cierto número de familias.

4. La gente tiende a darle menos importancia al hecho de que:
   a. sean ahora los extranjeros los que tienen que aceptar estos trabajos ilegales y no los españoles.
   b. haya empresarios que se aprovechan de los inmigrantes desesperados ofreciéndoles trabajos ilegales que un español no haría.
   c. una persona desesperada sea capaz de aceptar condiciones de trabajo indignas.

5. ¿Cuál de estas frases resume mejor el punto de vista del autor?
   a. La vendimia es una tarea sencilla que representa una gran oportunidad para todos los extranjeros que quieren trabajar.
   b. Los inmigrantes ilegales en España son explotados como mano de obra barata y nadie hace nada para evitarlo.
   c. Ya no quedan españoles que estén dispuestos a hacer las labores del campo y los empresarios se aprovechan sin pudor de los inmigrantes ilegales.

3. **Vocabulario**

a. *Sustituye las palabras subrayadas por una de las siguientes (todas provienen del texto) en la forma correcta:*

desoír   demorarse   suplir   afrenta   hacinarse   vivaquear

1. Los empleados se han tomado el despido de su compañero como una <u>ofensa</u> personal.
2. Este jefe tiene la costumbre de <u>retrasarse</u> siempre en el pago de los sueldos.
3. Algunos gitanos <u>acampan</u> a las afueras de la ciudad cuando hay feria.
4. El patronato <u>ha ignorado</u> las peticiones del sindicato.
5. Los sacos de patatas <u>se amontonan</u> porque los obreros están en huelga.
6. Los trabajadores del turno de noche <u>remplazaron</u> a los que estaban enfermos.

b. *Una fruta muy sabrosa. Estas cinco palabras están muy relacionadas entre sí pero tienen diferente sentido. Une cada una de ellas con la definición correcta:*

1. vendimia (　)   a. Fruto de la vid, redondo y de color blanco o rojizo.
2. vid (　)   b. Operación de recolectar la uva.
3. racimo (　)   c. Relacionado con el cultivo de la vid.
4. vitícola (　)   d. Planta que produce la uva.
5. uva (　)   e. Conjunto de granos de uva.

c. *Lee el texto entero y busca en él todas las palabras vinculadas al trabajo en el campo. Asegúrate de que puedes explicarlas en español.*

4. **Modismos**

Aquí tienes algunas expresiones conectadas al mundo del campo por su terminología. Escoge la palabra que completa cada expresión.

1. Francisco se ha dormido en los............. y ha perdido la oportunidad de obtener el trabajo de sus sueños.

   – almendros   – laureles   – cocoteros

2. Lo engañaron como a un niño; le dieron gato por................

   – liebre   – ratón   – rana

3. Ha pasado por una enfermedad muy grave pero ahora ya está fresco como una................

   – margarita   – lechuga   – zanahoria

4.   Hizo todo lo que pudo, no se le puede pedir . . . . al olmo.

– manzanas   – limones   – peras

5.   Estaban hechos el uno para el otro, ella era su media . . . .

– naranja   – ciruela   – cereza

5.   **Expresión escrita**

Andrés es un chico ecuatoriano que lleva tres meses trabajando en España y le escribe a su novia contándole cómo es su vida diaria en Madrid. Te damos el principio y el final de la carta, ¿puedes imaginar lo que le cuenta y escribir el resto?

Querida Amelia:
Te escribo desde el cuartito que alquilé con unos compañeros en el barrio de Lavapiés. Estos tres meses han sido bien pesados pero parece que poco a poco estoy consiguiendo salir adelante. La verdad que los españoles. . .

. . .Te extraño mucho y me haces mucha falta. Dales muchos saludos a tus papás de mi parte y tú recibe todo mi cariño.

Andrés

Sección B: Ejercicios de gramática

1.   **Expresiones de obligación**

a.   *Lee las siguientes frases y decide si crees que **sí** se cumplió la acción, que **no** se cumplió o que **quizás** se cumplió. Escribe al lado de cada frase SÍ, NO o QUIZÁS.*

1.   Debería haber trabajado cuando era joven. _____
2.   Debería trabajar, anda sin plata. _____
3.   Tuvo que trabajar muy duro para mantener a sus hijos. _____
4.   Tendría que trabajar si quiero comprarme ese coche. _____
5.   Ha tenido que ser muy duro para ti. _____
6.   Tengo que trabajar, no puedo acompañaros. _____

b. *Ahora relaciona las dos mitades para formar una frase.*

1. Tuve que denunciar a los jefes …
2. Debí aceptar el puesto …
3. Tendría que haber denunciado a los jefes …
4. Debió presentarse a la entrevista …
5. Tengo que preguntar por el sueldo …
6. Debería aceptar el puesto …
7. Tuvo que presentarse a la entrevista …
8. He tenido que presentar mi dimisión …
9. Tenía que haber preguntado por el sueldo …
10. Tendré que presentar mi dimisión …

a. siempre cometo el mismo error.
b. pero estoy indeciso.
c. porque estaban explotando a los empleados y el sindicato me ayudó.
d. con su traje nuevo.
e. cuando me propusieron aquel trabajo indigno, pero no lo hice.
f. o ellos mismos me despedirán.
g. porque no me sentía a gusto.
h. porque no aceptaré menos de lo que estoy cobrando.
i. con ropa informal.
j. cuando me lo ofrecieron, ahora es tarde.

2. **El artículo (el, la, los, las, lo, un, una, unos, unas)**

Diez de las frases siguientes hacen un uso incorrecto de los artículos, a veces omitiéndolos. Señala cuáles son y corrígelas.

1. El gobierno ha tomado medidas para resolver la problema de paro.
2. Trabajo es un derecho de todo ciudadano.
3. No me gustan personas que se creen superiores por su empleo.
4. El bueno de trabajar en España es que hay más las vacaciones.
5. Otorgaron una puntuación superior a la profesión de maestro.
6. Partidos políticos deberían hacer más por la igualdad de la mujer en trabajo.
7. Me extrañó mucho tarde que llegaste.
8. Mujeres tienen derecho a manifestarse a favor de ley.
9. El solución a conflictos laborales no es fácil.
10. ¿Qué tipo de música prefieres? ¿La música popular o la clásica?
11. Las horas de oficina son de nueve a dos de la tarde.
12. Te hemos comprado unos zapatos que a ti te gustaban tanto.
13. Por la primera vez he pasado una entrevista de trabajo.

3. **Expresiones de tiempo**

Completa los espacios en blanco con las expresiones de tiempo adecuadas.

Llevar – hace … que – hacía – por – dentro - desde – desde hace – durante - después

1. _____ más de treinta años _____ murió Franco.
2. ¡Hola Paco! ¿Qué tal? No te veía _____ la boda de Marta.
3. Hasta _____ de un mes no sabremos si hemos aprobado.
4. No fumo _____ cinco años.
5. _____ toda la tarde llamando a Enrique pero no coge el teléfono.
6. _____ mucho que no la veía.
7. He venido a quedarme _____ tres meses.
8. Nosotros _____ estudiando en Bogotá dos años.
9. _____ que nos fuimos de la empresa no hemos vuelto a trabajar.
10. Estuve en el norte de Venezuela _____ dos años.
11. Llegó a casa a las 11, y 20 minutos _____ volvió a salir.

4. **Conectores**

a. *Lee atentamente el siguiente texto y subraya todas las expresiones que sirvan para conectar y organizar las partes del discurso, por ejemplo: "sin embargo".*

En mi opinión, el problema de la inmigración ilegal está llegando a unos límites intolerables, y el gobierno español debería tomar medidas mucho más serias de las que ha tomado hasta ahora. Nuestra sociedad reclama cada vez más mano de obra para tareas que ya los españoles no quieren realizar. Por otro lado, muchos empresarios necesitan cubrir esos puestos que nadie más desea desempeñar. No obstante, la manera en la que estos trabajadores extranjeros son tratados avergüenza a muchos ciudadanos y humilla a los inmigrantes. Con todo, numerosos grupos de personas desesperadas siguen llegando a Europa en busca de una vida mejor. En cambio, muchos de nosotros viajamos a sus países en busca de unas playas paradisíacas o un safari. Con respecto a la ayuda que estas personas reciben desde la administración, es obvio que se encuentran abandonados tanto por el gobierno de origen como por el de su destino. En conclusión, la inmigración ilegal es la preocupación del siglo XXI, es decir, todos los avances que hemos conseguido no servirán de nada si no logramos solucionar este drama.

b. *Ahora busca entre las siguientes expresiones las que sean equivalentes a aquellas que has subrayado y agrúpalas. ¿Podrías explicar para qué sirven?*

Por otra parte	A mi modo de ver	Es más	En definitiva
De todos modos	En cuanto a	Aun así	Dicho de otro modo
En relación con	O sea	En una palabra	
Por el contrario	A mi juicio	Ahora bien	
En resumen	Sin embargo	En lo referente a	

c.   *Para terminar, elige un tema que te interese y escribe un pequeño texto similar al ue acabas de leer para explicar tus argumentos. Puedes seguir la misma estructura para aprender a utilizar los conectores que has visto.*

Sección C: Traducción al español

Motherhood can 'treble pay gap'

The gender pay gap more than trebles when women reach their 30s, often because of a 'motherhood penalty', research shows today. Women of all ages earned less than men but the difference was smallest among twentysomethings.

But as women passed 30 it trebled to more than 11 per cent and carried on rising to more than 20 per cent between the ages of 50 and 59, according to a TUC study.

Women were also twice as likely as men to be poor, showed the research, published ahead of a TUC conference tomorrow.

General secretary Brendan Barber said: 'We all expect our wages to increase as our careers progress. Women's wages start to stagnate as early as their 30s and many are paying an unacceptable penalty simply for having children. Despite girls outperforming boys at school and at university, too many employers are still failing to make use of women's skills. This waste of talent isn't just hurting their take-home pay, it's harming the economy, too. When women earn poverty-level wages, the whole family suffers.'

Women's minister Harriet Harman, said the pay gap has fallen from 17 per cent to 12 per cent in the past ten years and would be closer further by a new Equality Bill later this year.

She added: 'I just don't believe women are less committed, less hard-working or less able than men. So they shouldn't be paid less.'

By **Lyn Reid**
Metro, March 11, 2008

Sección D: Documento sonoro

Experiencias laborales (05:54)

1.   **Antes de escuchar**

a.   *En parejas contesten las siguientes preguntas:*

    1.   ¿Cuáles son los inconvenientes que supondría el tener que viajar a otra ciudad para ir al trabajo?

    2.   Una vez concluida la carrera universitaria ¿dónde crees que hay más obstáculos para obtener un trabajo: en tu país o en España? ¿Por qué?

b.   *Ahora, emparejen ambas columnas insertando cada letra (a-g) en el paréntesis correcto.*

1. enchufe ( )	a. Procedimiento selectivo consistente en una o más pruebas (psicotécnicas, de desarrollo de temas, prácticas etc.) en el que los aspirantes a un puesto de trabajo muestran su respectiva competencia, juzgada por un tribunal.

2. opositar ( )	b. Certificado de Aptitud Pedagógica.
3. convocar ( )	c. Impacientar o desazonar a alguien.
4. quemar ( )	d. Persona que ejerce un cargo o empleo por ausencia o falta de otro de manera provisional.
5. C.A.P. ( )	e. Cargo o destino que se obtiene sin méritos, por amistad o por influencia política.
6. interino ( )	f. Presentarse a los exámenes para acceder a un cargo o empleo.
7. oposiciones ( )	g. Citar, llamar a una o más personas para que concurran a lugar o acto determinado.

c. *Construyan una oración con **cuatro** de estas palabras para indicar su sentido.*

2. **Álvaro:** *Yo estoy trabajando en Marbella* **(00:00–01:36)**

a. *Contesta las siguientes preguntas:*

1. Al encontrarse los tres amigos ¿qué deciden hacer? ¿en dónde? ¿se han visto recientemente?
2. ¿Cuáles son todos los inconvenientes relativos al trabajo de Álvaro?
3. ¿Por qué no se ha cambiado de trabajo?

b. *Explica las siguientes palabras en **negrita**:*

1. **Un pincho** de tortilla.
2. Bueno, por lo menos estás trabajando, **estás fijo**.

c. *Completa la siguiente interacción (que comienza en el minuto 00:21):*

– ¿Te has **(1)** _____ de trabajo Álvaro? ¿**(2)** _____ estás?

– Yo estoy trabajando en Marbella.

– –Ajá

– Y **(3)** _____ ahora **(4)** _____ de trabajar de a **(5)** _____ km. de aquí. Y la verdad es que estoy **(6)** _____ cansado **(7)** _____ todos los días me **(8)** _____ a las 6 de la **(9)** _____ y tengo que **(10)** _____ el coche, la **(11)** _____ es bastante **(12)** _____, el tráfico es bastante **(13)** _____ y vengo **(14)** _____ cansado.

---

3.   **Alicia:** *Pues nada, yo sigo con las oposiciones* **(01:36–03:03)**

a.   *Contesta las siguientes preguntas:*

1.   ¿Cuándo terminó la carrera? ¿Cuánto tiempo lleva preparándose para las oposiciones? ¿Puede trabajar mientras se prepara para las oposiciones?

2.   ¿Qué ha hecho para prepararse? ¿Dónde? ¿Es gratis?

3.   ¿Qué les sucedió a las plazas que hubo el año pasado?

4.   ¿Cuál es el problema con ser nombrado como profesor interino?

5.   ¿Crees que Alicia piensa que una vez que consiga una plaza va a obtener un buen sueldo y un excelente estilo de vida? ¿Por qué (no)? (05:00–05:48)

b.   *Argot juvenil: 02:16–02:31*

Observa la siguiente trascripción prestando especial atención a las palabras en **negrita**. *Explica su significado en este contexto en tus propias palabras.*

> Es muy injusto, claro porque. . . que veas que entra tanta gente y tú no, pues te quedas un poco **hecha polvo** ¿no? Pero bueno, este año, a ver, todavía no han salido. Sigo estudiando mucho. Pero **es un coñazo**, súper cansado, y **te quema, te quema.**

4.   **Mari:** . . . *Yo muy contenta con la jornada intensiva* **(03:04–05:48)**

a.   *Contesta las siguientes preguntas:*

1.   ¿Qué implicaciones positivas y negativas tiene para Mari la jornada intensiva?

2.   ¿Le gusta su trabajo? ¿Por qué (no)?

3.   En este contexto, ¿qué significa: **"Matar dos pájaros de un tiro."**?

4.   ¿Por qué sólo se puede viajar "muy de vez en cuando"?

b.   *Completa la interacción (a partir de 04:58) y explica las palabras en* **negrita**:

> – Pero bueno no os **(1)** _____ que por lo menos **(2)** _____ trabajando, no estáis como yo **(3)** _____ que llevo ya la tira esta **súper** quemada
>
> – Pero en el **(4)** _____ que **consigas** la plaza vas a tener muy buen **sueldo** y muy buena vida, la **(5)** _____ de **(6)** _____ . . .
>
> – Sí pero no te **(7)** _____ que el trabajo de profesor cada vez está peor. Es más difícil y cada vez te exigen cada vez más cosas, los niños están peor, el **acoso escolar**, etc.

Sección E: Temas orales

1. **Experiencias y recomendaciones**

   Quizás ya hayáis trabajado y vuestra experiencia os servirá para dar recomendaciones a vuestros compañeros. ¿Qué tipo de trabajo has ejercido: camarero en pubs o restaurantes, canguro, monitor de campamentos, profesor particular....? Cuenta de tus experiencias.

2. **Entrevista de trabajo**

   IDIOMAS TRAFALGAR, S.A, reconocida empresa internacional, dedicada a la traducción e interpretación ha puesto el siguiente anuncio en la prensa española:

   IDIOMAS TRAFALGAR, S.A.
   Precisa
   TRADUCTOR E INTÉRPRETE

   SE REQUIERE:
   - Conocimiento exhaustivo de inglés, francés y español
   - Nivel cultural alto
   - Edad entre 25–45 años
   - Ambición
   - Carnet de conducir preferible
   - Se valorará experiencia

   SE OFRECE:
   - Sueldo entre 900–1200 €/mes.
   - Igualdad de oportunidades.
   - Horarios flexibles y posibilidades de viajar.
   - Incorporación inmediata.

   Interesados, enviar *currículum vitae* y carta
   de presentación a

   IDIOMAS TRAFALGAR, S.A.
   Apartado de correos 43.867, Madrid

   ---

   a. *Leed atentamente el anuncio de trabajo. A continuación dividíos en parejas. Uno de vosotros será un representante de la empresa IDIOMAS TRAFALGAR y el otro asumirá uno de los papeles que a continuación tenéis:*

- Hombre casado con dos hijos
- 34 años
- Padres ingleses
- No tienes carnet de conducir
- Preferiría un horario fijo
- Trabajaste para una empresa rival durante 10 años, pero luego te despidieron. Razones poco claras
- Estancia de dos años en Francia

- Mujer casada con un hijo
- 44 años.
- Tu hijo tiene 15 años
- Padres franceses
- No tienes intención de hacer horas extra
- Tienes carnet de conducir
- Hace 14 años que no trabajas fuera de casa

- Mujer soltera sin hijos
- 30 años
- Padre inglés, madre francesa
- Sólo puedes trabajar por las mañanas
- El sueldo te parece un poco bajo
- Tienes carnet de conducir y estudios de secretariado
- Has pasado por muchos trabajos en poco tiempo

- Mujer divorciada con dos hijos.
- 35 años
- Madre inglesa y padre suramericano. Resides en Inglaterra pero te gustaría vivir en España
- Has trabajado en traducción e interpretación esporádicamente desde hace 4 años
- Tus hijos tienen 3 y 5 años
- No tienes carnet de conducir

- Hombre divorciado con cuatro hijos. 40 años
- Madre francesa y padre español. Resides desdre hace un año en Inglaterra pero estás dispuesto a volver a España.
- Ninguna experiencia
- Tienes carnet de conducir
- Antecedentes penales pero de eso hace mucho tiempo
- Ambicioso y dispuesto a hacer cualquier tipo de trabajo

- Hombre soltero sin hijos
- 26 años
- Padres españoles
- No tienes carnet de conducir
- No has hecho la mili
- Poca experiencia
- Estudios de Filología Francesa
- Ambicioso, no te importa trabajar horas extras

b. *Después de que todas las parejas hayáis terminado las entrevistas, los 'entrevistadores' se reunirán para discutir cuál de los candidatos es el más apropiado para el trabajo y deberán comunicar su decisión a los 'entrevistados', explicando las razones por las cuales han sido o no elegidos. Los candidatos discutirán entre sí qué salió bien durante la entrevista y qué podrían mejorar.*

3. **Anuncios de trabajo**

   *Leed algunos anuncios de estudiantes que se ofrecen para trabajar como canguros o para dar clases particulares. Fijaos en el tipo de lenguaje que se utiliza y, tomando estos anuncios como ejemplo, escribid junto con tu compañero **dos anuncios**.*

ESTUDIANTE universitaria se ofrece para trabajar cuidando niños por las noches, con experiencia, llamar al teléfono 5243027.	INGLÉS, estudiante de lenguas, hablante nativa, da clases a niños o adultos, todos los niveles, horario flexible, experiencia y seriedad. Teléfono 5793670, llamar de 21–23 horas.
JOVEN estudiante, veinte años, cuidaría niños por las mañanas entre semana y todo el día los fines de semana, responsable y con experiencia. Teléfono 5460815.	ESTUDIANTE universitario se ofrece para dar clases particulares a domicilio de inglés y matemáticas; para más información llamar al teléfono 5216317, 15.00–15.30 horas.

4. **¡Qué duro es trabajar!**

   Acabas de encontrar un trabajo temporal, durante los meses de verano, como vendedor/a en una tienda de ropa. Es un trabajo un poco cansado, especialmente en época de rebajas. Después de un día agotador sales de la tienda y te encuentras con un/a amigo/a, le invitas a tomar una copa y empezáis a hablar del trabajo. En parejas inventad un diálogo; uno será el que ha encontrado el trabajo y el compañero será el/la amigo/a.

Algunas expresiones útiles:

no vender ni una escoba	una ganga/ ser un chollo/ hacer descuentos
hacer horas extras	aguantar al jefe/ a los pelmas de los clientes
fichar a la hora	estar agotado/ hecho polvo
pillar a alguien robando	tener un horario flexible
hacer turnos	cobrar muy bien/ una miseria
el jefe es un "rata"/ muy tacaño	el jefe es muy majo/ generoso/ amable
hay que tener paciencia	el cliente siempre tiene razón
estar de moda/ pasado de moda	caro/ barato / precios prohibitivos

CAPÍTULO 7

LA ÉTICA Y EL MEDIO AMBIENTE

Sección A: Textos escritos

1. La ciclovía bogotana es un símbolo sagrado de nuestra democracia

El siguiente melodrama transcurre en Bogotá, durante una supuesta fría madrugada de un domingo. Para empezar, digamos que en algún lugar del sur de la capital, ocurre lo siguiente: "Mijito. . ., ¡levántese que ya van a ser las cinco [de la mañana], y ya empieza la ciclovía!" Horas antes, en Suba, al norte de la ciudad [a eso de las tres de la mañana], "Mijita, ¡póngase
5 ya el uniforme [camisa de color amarillo chillón, pantaloneta rojo también chillón, de guardián de la ciclovía], y salga ya, o si no va a llegar tarde a su puesto de control!"

Para los "de afuera", y que de pronto no saben de qué carajos estoy hablando: la **ciclovía bogotana** es una tradición de más de veinte años, consistente en que los domingos algunas de las avenidas principales son cerradas al tráfico automotor durante las 7 AM y 2 PM, y las
10 calles son invadidas por deportistas de rendimiento físico por determinar, como yo, pero con mucho corazón y ganas de hallar un sano espacio de recreación, y que quieren por ello apropiarse un rato de la ciudad y circular por ella a través de cualquier medio de transporte de tracción humana.

La propuesta de reforma de uno de los miembros de la Cámara de Representantes, consiste
15 en una dantesca madrugada para satisfacer las necesidades de una minoría a quienes sirven. Tremenda herejía y despelote en el día de descanso decretado por las mismísimas Sagradas Escrituras. Daño colateral producto de la "brillante iniciativa" de una parranda de congresistas desocupados, que quieren adelantar una actividad sagrada para muchos de los bogotanos por dos horas, la ciclovía de los domingos, de 5 AM a 12 meridiano.

20 Primero que todo, qué pobre manera de representar al interés nacional, y las necesidades verdaderamente apremiantes de la nación. Ahora resulta que los domingos es obligatorio facilitar las vías de transporte, para que Zutano pueda vender chorizo con arepa en algún local "New age" de la carretera a todos los enguayabados del fin de semana en las

polvorientas carreteras de la Sabana de Bogotá. O quizás Fulano se retrasó el otro día para

25 su partidito de golf, o si no, lo que pasa es que las ventas de los grandes centros comerciales de Mengano podrían ser mucho mejores, si sus potenciales clientes no tuvieran que circundar en masa en sus carros por las calles congestionadas que son ciclovía a esa hora. Vías dizque congestionadas a raíz del cierre de las principales vías capitalinas, para facilitar un pequeño espacio de recreo y descanso a los ciclistas y deportistas ocasionales domingueros,

30 o a los que trotan, o montan patines, o lo que sea, los domingos de 7 AM a 2 PM. La ciclovía es una de muy pocas ideas originales y de verdadero progreso democrático, 100% colombiana y bogotana.

En la ciclovía hay de todo. Ciclas bien cachetudas de finas marcas. Y hay las imitaciones, muy buenas por cierto. También hay ciclas dobles. Hasta he visto ciclas con remolque, donde un

35 señor pedalea con cuerpo y alma para hacer avanzar a dos nietos y a su madre [¿o suegra?] entrada en años, y hacerlos parte del paseo. También hay un sinnúmero de discapacitados, con unas adaptaciones increíbles, muchas veces creadas por ellos mismos, para impulsarse con tenacidad y decisión a través de las vías dispuestas con tal fin. Es común ver pequeñas filas indias de niñas de ocho a diez años más o menos, debidamente uniformadas y equipadas,

40 y que patinan armoniosamente siguiendo las precisas instrucciones de su entrenador. Niñas que sueñan con alcanzar el podio y llevarse una medalla dorada, como la "Chechi Baena", nuestra campeona mundial de patinaje. También hay los ciclistas clásicos, vestidos con una trusa de lycra narizona al mejor estilo de Lucho Herrera [el otrora campeón de la Vuelta a España y del Dauphiné Liberé, entre muchas otras hazañas deportivas], añorando quizás

45 tiempos gloriosos del ciclismo colombiano.

Hallará también gasolineras humanas por doquier, con biocombustible a base de jugo de naranja fresco recién exprimido, o si lo prefiere, una recontradulce gaseosa artificial. Si tiene hambre, puede engullir un pan o un roscón acompañados de mortadela o salchichón de dudoso origen, y sabor algo precario, pero eso sí, matan el hambre de una. Ciclas lobas,

50 modernas, arcaicas, bien o mal mantenidas, pobres y ricos, feos y bonitos. . ., todos los que asistimos a la ciclovía hacemos parte de la democracia. Y aceptamos a nuestros semejantes, y convivimos con ellos, o al menos, nos toleramos. Y francamente creo hablar por todos los millones de bogotanos que amamos esa muchas veces única alternativa de ocio y deporte en nuestras vidas, cuando rechazo este perverso proyecto de adelanto del horario.

55 Nadie en su sano juicio saldrá a las 3 o 5 de la mañana. Nadie, que no sea un fanático del deporte o una persona que odie el bello arte de quedarse pegado a las cobijas en la mañana, saldrá madrugado para hacerle el favor a Fulano, Zutano o Mengano. Ellos no representan el bien común, ni la voluntad de la mayoría. Además, con el tiempo, al constatar que casi nadie usa la ciclovía en la madrugada, terminarían recortando el horario de 7 AM a 12 PM, con toda

60 seguridad. De hecho, yo salgo entre las 12 del mediodía y las 2 PM, porque a esa hora hace un sol espectacular, y porque antes estaría pegado a las cobijas, como ya decía. Y para mi sorpresa, la gran mayoría de bogotanos salen a esa misma hora. El domingo no es un día

laboral, y presuntamente no es un día comercial. Pero si de cuestiones comerciales y económicas se tratare, o de una mezquina y diabólica interpretación del bien común, habría
65 que decir que miles de familias derivan un sustento de una labor como inflar llantas o reparar bicicletas al lado de la ciclovía, o vender jugos, mazorcas o sánduches.

Por eso ya hay una muy importante iniciativa en marcha, una especie de referendo popular para tumbar otra de tantas porquerías del congreso colombiano: se trata de la "FIRMATÓN". Ojalá se unan a ella todos mis compatriotas amantes de la ciclovía, de la
70 libertad y de la verdadera igualdad. Ni más faltaba. Esto es una democracia.

Thilo Hanisch Luque
OIMC Observatorio Independiente de Medios de Colombia (artículo adaptado)
Para ver la versión completa consultar:
http://oimc.blogspot.com/2008/04/la-ciclova-bogotana-es-un-smbolo-de.html

Notas

1. **mijito / mijita** (3,4) (*coloq.*) Palabras para expresar cariño o desaprobación.

2. **despelote** (16) (AmL *coloq*) Término utilizado para significar desbarajuste, caos.

3. **meridiano** (19) Relativo al mediodía

4. **chorizo con arepa** (22) Comida típica de Colombia; chorizo, pedazo de tripa lleno de carne de cerdo, picada y adobada. Arepa, torta de maíz con mantequilla y queso.

5. **enguayabados** (23) (*coloq Col*) Malestar que padece quien ha bebido en exceso (*Esp*) resaca.

6. **dizque** (28) (AmL) 'Según dicen' expresando escepticismo (De *dice que*).

7. **narizona** (43) Abultada.

8. **roscón** (48) Rosca de pan dulce.
9. **mortadela o salchichón** (48) Mortadela, embutido grueso que se hace con carne de cerdo picada con tocino. Salchichón, Embutido de jamón, tocino y pimienta en grano, prensado y curado.

10. **AM y PM** (9) Normalmente en minúscula. La forma de expresar la hora en España es 'de la mañana' y 'de la tarde'.

12. **sánduches** (66) Nótese la adaptación que ha hecho el autor de esta palabra.

Explotación del texto

1. **Vocabulario**

a. *El texto incluye varias expresiones coloquiales de un registro informal y un par de términos de uso exclusivo de América que puedes desconocer. Trata de deducir su significado según el contexto y escoge un sinónimo o una expresión equivalente.*

de pronto ( )	1. grupo de inútiles
qué carajos ( )	2. coche
parranda de . . . desocupados ( )	3. inmediatamente
fulano, zutano y mengano ( )	4. pantalón corto, shorts
cachetudas ( )	5. qué diablos
de una ( )	6. a lo mejor
lobas ( )	7. personas a quienes no se quiere nombrar
recontra . . . ( )	8. de mal gusto
pantaloneta ( )	9. extremadamente
carro ( )	10. lujosas y personalizadas

b. *Completa las oraciones con las palabras del recuadro.*

> **madrugado   semejantes   inflar   chillón   dantesca   paseo**

1. ¿Por qué te has comprado esa blusa de verde _____? No la vas a poder combinar con nada.
2. Salgamos de _____. Hoy está haciendo un día muy soleado para quedarnos en casa.
3. ¡Qué coincidencia! Las dos llevamos aretes _____.
4. ¿Quién tiene buenos pulmones? Vamos a _____ los globos para la fiesta.
5. La tragedia que ocurrió en aquel pueblo es totalmente _____. ¿Cómo pudo haber pasado algo así?
6. Se le advirtió que de no arrancar _____ no alcanzaría a llegar para la ceremonia.

c. *Completa las frases de la columna izquierda con la expresión apropiada de la columna derecha.*

1. ¿Quiere también que le haga su trabajo?. . . ( )	a. con toda seguridad
2. ¿Aquellas son las chicas de las que me hablabas? . . . . ( )	b. las mismísimas
3. Discúlpenme. Vengo retrasado porque . . . ( )	c. entrada en años
4. De no ponerle más empeño a tus estudios suspenderás, ... ( )	d. por cierto
5. Vi a ese fulano que, ... ¡se divorció! ( )	e. ni más faltaba
6. Ni creas que estos bocados les van a . . . . . ( )	f. otrora
7. Bajó el sol sobre el . . . . Imperio de los Incas. ( )	g. se me pegaron las cobijas
8. No sabía que la escritora fuera . . . . ( )	h. tumbaron
9. Ud. va a tener que ver cómo termina el pedido, o emplea más gente, o trabajan el domingo o . . . . ( )	i. matar el hambre
10. A ese gobierno lo . . . . por tratar de subir excesivamente los impuestos. ( )	j. lo que sea

2. **Comprensión**

   Ahora vuelve a leer con atención el texto y contesta si la afirmación es falsa o verdadera. Da la respuesta correcta en caso de ser falsa.

   1. Los domingos se cierran todas las calles de Bogotá para que la gente discapacitada pueda hacer deporte.
   2. Una minoría en el Congreso, que representa a la iglesia, quiere adelantar el horario de la ciclovía para no interrumpir el horario de culto en las iglesias.
   3. Detrás de la propuesta de reforma se busca satisfacer intereses privados y no el interés nacional.
   4. Se arguye que al cerrar las avenidas principales se causa tal congestión que la gente no puede descansar.
   5. La ciclovía se impuso después de un breve experimento en el Brasil.
   6. En la ciclovía se ve todo tipo de vehículos de dos ruedas, por medio de los cuales a veces se transporta a más de una persona.
   7. Por la ciclovía transitan los campeones del deporte.

8. Las comunidades indígenas aprovechan para entrenar a sus niñas en la ciclovía.

9. En las gasolineras de Bogotá se usa el jugo de la naranja como biocombustible.

10. El autor pide que la gente firme su petición para que el horario de la ciclovía quede entre las 12 del mediodía y las 2 pm.

3. **Gramática**

a. **Las oraciones condicionales**

1. *Observa las siguientes oraciones del texto y fíjate en los tiempos de los verbos:*

   – las ventas ... **podrían** ser mucho mejores si sus potenciales clientes no **tuvieran** que circundar en masa. (25–27).
   – Si **tiene** hambre **puede** engullir un pan o un roscón. (47–48)

2. *¿Cuándo se usa la combinación subjuntivo –condicional y cuándo el modo indicativo?*

3. *Busca otro ejemplo de una oración condicional en el texto.*

4. *Ahora escoge seis de las siguientes situaciones y escribe oraciones condicionales asegurándote que expresas condiciones desde probables hasta imposibles:*

Comer una dieta equilibrada	Viajar a la Argentina
Ir a otro país	Hacer el esfuerzo con el idioma
Estudiar en una universidad de Bogotá	Llegar tarde al examen
Comer ancas de rana	Ser adivina
Tener una actitud positiva	Explorar la selva en el Amazonas

b. **El subjuntivo**

1. *Explica el uso del subjuntivo en la frase del texto:*

   Nadie, que no **sea** un fanático del deporte o una persona que **odie** el bello arte ... (55–56)

2. *Traduce las siguientes frases:*

   i. Stereotypes, even when apparently innocuous, aren't very helpful when it comes to meeting people.
   ii. No one who is not a specialist would understand that document.
   iii. Even if you don't like travelling you'll enjoy visiting her.
   iv. He would never go to a doctor if it was not a matter of life or death.

4. **Tus opiniones**

¿Qué cambios crees que se podrían hacer en tu ciudad para estimular a la gente a que haga más deporte?

2. Reflexiones de un vagamundos sobre el Primer y el Tercer Mundo

El abismo que separa el Primer del Tercer Mundo es cada vez más profundo. Cuando vemos en la televisión desde nuestros cómodos sillones alguna de las tragedias que asolan el mundo, nos sentimos a veces profundamente conmovidos, y para tranquilizar nuestras conciencias, donamos dinero a alguna ONG o entidad benéfica. No digo que esto sea malo, pero el
5   sentimiento que me invade habitualmente cuando viajo por el Tercer Mundo es el de indignación.

El Primer Mundo utiliza al Tercero como patio trasero donde enterrar sus basuras, ocultar sus miserias y lavar sus trapos sucios. Las industrias más contaminantes se instalan en estos países huyendo de legislaciones restrictivas en Europa o Norteamérica, con la falacia de que
10   se les está ayudando al desarrollo económico e industrial.

Los laboratorios farmacéuticos utilizan como cobayos humanos a sus habitantes para desarrollar medicinas que luego no podrán comprar jamás por sus desorbitados precios, como las paliativas del SIDA, cuyo tratamiento cuesta más de 1000 dólares por mes; la excusa que aducen las compañías farmacéuticas sobre los altos costes de investigación se
15   cae por su propio peso cuando leemos sobre los enormes beneficios que obtienen, y el dinero institucional que reciben. África agoniza por el SIDA y nadie mueve un dedo para evitarlo.

Les compramos las materias primas a precios ridículos, y posteriormente les vendemos el producto manufacturado a un precio abusivo. En Kenia se produce uno de los mejores cafés
20   del mundo, y me fue totalmente imposible tomarme un café que no fuera Nescafé, ¡alucinante! Cuando vayáis a un supermercado y compréis una lata de piña Del Monte *Made in Kenya* (podría ser cualquier otra marca y de cualquier otro país) por un precio aproximado de $1, pensad que con ese dinero pagáis los costes y el margen del minorista, mayorista, importador, transportista, la empresa manufacturera y el agricultor. Si pensáis que una mata
25   de piña tarda 12 semanas en madurar y que sólo produce una piña, ¿cuanto pensáis que le pagan al agricultor por su piña? Una miseria absoluta, 5 centavos = (aprox. 5% del precio que paga el consumidor).

Las compañías tabaqueras, acosadas por demandas millonarias de consumidores, invierten en el tercer mundo, cuyas legislaciones no están tan avanzadas, añadiendo sustancias
30   adictivas a la ya perniciosa nicotina, para conseguir millones de nuevos clientes adictos al tabaco. Las compañías petroleras y mineras se permiten el lujo de provocar desastres naturales irreversibles como la desecación del Mar de Aral, y los continuos accidentes de petroleros que amenazan las pocas zonas vírgenes que quedan en el planeta como las Galápagos y Alaska, y se niegan a invertir en investigación de energías renovables y
35   reciclables que por supuesto no podrían cobrar al precio actual del litro de gasolina.

La explotación de los menores y de los trabajadores por parte de empresas como Nike y otras muchas multinacionales que fabrican en el tercer mundo, muchas veces a través de

intermediarios para evitar la mala publicidad, es intolerable. He visto niños de 10 años en talleres inmundos anudando alfombras que servirán para acariciar los delicados pies de algún
40 millonario en el Primer Mundo, y gente racaneándole unos centavos a un pobre limpiabotas que acaba de lustrar su calzado.

¿Qué les devolvemos a cambio de esta sobreexplotación?

— Un concepto de capitalismo salvaje que les incita a consumir los productos que acaban de manufacturar por un salario miserable, a precios de Primer Mundo (he
45   visto a un chico comprar unas zapatillas Nike® en Tailandia por $100, el sueldo mensual medio de un obrero).
— Un cambio climático causado por el calentamiento de la atmósfera que les afecta a ellos de manera dramática, ya que el 90% de los desastres naturales se producen en zonas del Tercer Mundo.
50 — Unos guardianes de la ortodoxia como son el Banco Mundial y el Fondo Monetario Internacional, que en vez de ayudar a su desarrollo económico, sirven para meterles en vereda cuando se desmandan aplicando políticas económicas más igualitarias.
— Una situación insostenible a medio plazo que provocará revoluciones y grandes
55   cambios sociales en este siglo XXI que acaba de comenzar.

Incluso desde el punto de vista de un economista como soy, me parece totalmente erróneo este planteamiento Norte-Sur. Una adecuada política de desarrollo económico en el Tercer Mundo incrementaría los beneficios de las empresas y al mismo tiempo estimularía su economía, como lo han demostrado los microcréditos y otras iniciativas innovadoras.
60 Siendo simplistas, ¿os imagináis lo contentos que se pondrían los fabricantes de papel higiénico si 1.200 millones de chinos lo usaran todos los días?

Por eso, cuando viajo por el Tercer Mundo, el sentimiento de vergüenza que me invade es muy fuerte, e intento ayudar en lo posible al desarrollo de la economía local; es un granito de arena en una playa inmensa, pero al menos me sirve para dormir tranquilo. Espero
65 que los que hayáis tenido la paciencia de leer esto hasta el final, reflexionéis un poco, y dentro de vuestras posibilidades, actuéis consecuentemente. De lograrse esto, habrá valido la pena.

¡Hasta Pronto!

Carlos Olmo
http://www.vagamundos.net (artículo adaptado)

Notas

1. **no digo que esto *sea* malo** (4)   Nótese el uso del subjuntivo después del antecedente negativo.

2. **cuando *vayáis* a un supermercado** (21)

   Nótese el tono informal y la procedencia de Carlos mediante el uso de *vosotros*.

3. **Mar de Aral** (32)

   El Mar de Aral es un lago, o mar interior, endorreico en Asia Central. Se encuentra entre Kazajistán al norte y Karakalpakia, región autónoma de Uzbekistán, al sur. Desde los años 60, la superficie del Mar de Aral se ha reducido, debido a los trasvases de agua de los ríos que confluyen en él. http://es.wikipedia.org/

Explotación del texto

1. **Comprensión**

   1. ¿Qué es lo que hace el autor del artículo cuando viaja por el Tercer Mundo como resultado de la indignación que siente? (primer y último párrafo)
   2. ¿Cómo usa el Primer Mundo al Tercero?
   3. ¿Qué menciona el autor sobre Kenia y el café?
   4. ¿Qué pasa con el dinero de una lata de piña Del Monte que cuesta aproximadamente un dólar; cuánto le toca al agricultor?
   5. ¿Qué referencia se hace con respecto a la empresa y las zapatillas Nike?

2. **Resumen**

Haz un resumen del texto en español en unas 150 palabras.

3. **Gramática**

a. *Completa el siguiente recuadro con la parte del habla adecuada:*

sustantivo	adjetivo	verbo
1. economía		
2. Tercer Mundo		Ø
3.	reflexivo	
4.	conmovidos	
5.		tranquilizar
6. sentimiento		
7.	viajero	
8.	investigador	
9.	(piña) enlatada	
10. legislación		

b. *¿Se puede deducir alguna regla o patrón en la formación de estos 10 verbos, sustantivos y adjetivos? ¿Hay irregularidades, variaciones y excepciones?*

4. **Vocabulario**

a. *Encuentra las frases del texto que signifiquen lo mismo que:*

1. . . .desdichas que desuelan el planeta. . .
2. . . .con la falsedad de que se les está auxiliando en el progreso financiero y manufacturero. . .
3. . . .usan a sus residentes como conejillos de Indias. . .
4. . . .el Continente Africano perece debido al Síndrome de Inmunodeficiencia Adquirida. . .
5. . . .he observado menores en factorías sucias. . .

b. *Explica las siguientes expresiones mediante sinónimos, definiciones de diccionario, ejemplos, etcétera:*

1. **ONG** (4)
2. **enterrar sus basuras** (7)
3. **paliativos del SIDA** (13)
4. **materias primas** (18)
5. **lustrar su calzado** (41)
6. **un concepto de capitalismo salvaje** (43)
7. **Una situación insostenible** (54)
8. **actuéis consecuentemente** (66)

5. **Traducción al inglés**

   Traduce el primer párrafo (1- 6).

6. **Análisis y debate**

   Prepárate con un compañero para un debate o para escribir una redacción defendiendo u oponiéndose a una de las siguientes declaraciones.

1. El abismo que separa el Primer Mundo del Tercero es cada vez más profundo.
2. La explotación infantil es injusta e inmoral.
3. El Primer Mundo se aprovecha económica y éticamente del Tercero.
4. Si todos aportáramos nuestro granito de arena podríamos marcar una diferencia significativa en el mundo.
5. África agoniza por el SIDA y nadie mueve un dedo para evitarlo.
6. Apoyar directamente la economía local es mejor que donar dinero a alguna ONG.

3. En el ojo del huracán

"Ni modo" es la expresión mexicana que mejor define la situación en esta isla del Caribe llamada Cozumel, que significa la aceptación de lo inevitable y lo irremediable. El cozumelense tiene algo de oriental y algo de iguana. Se altera por pocas cosas. Pasó el *Wilma* y se enorgullece de otra docena de huracanes que apenas han dejado víctimas en la isla. De 5 hecho, las emisoras de radio recuerdan para enardecer a la población que las estadísticas hablan de un ínfimo número de muertos. La mayor parte cobrados por el ojo del ciclón entre el bandidaje, gentes que aprovechan el desarme de la población para hacer acopio de lo ajeno entre las ruinas, durante esa calma chicha pasajera que en realidad nadie sabe lo que va a durar.

10 Llevan días de preparativos. Han bloqueado las ventanas con tablones dejando pequeños resquicios para que el infortunado visitante no se sienta atrapado, se concentre y acabe por reventar una estancia. Los establecimientos se encuentran desabastecidos, las colas de las gasolineras son kilométricas. Y ya no hay dinero en los cajeros automáticos. Un espíritu solidario lleva a los experimentados isleños a recomendarte que no te dejes arrastrar por el 15 canto de sirena del ciclón y te mantengas en el refugio hasta que haya pasado lo peor.

Preservarse del ojo que confiere una dudosa confianza y cuya calma puede oscilar entre 10 minutos y una hora. Hacer acopio de agua potable y escuchar los consejos de las autoridades a través de la radio. Muchas de las recomendaciones son de sentido común: no tendrás electricidad ni gas… y el tsunami que va a ocasionarse tras el paso del ojo del huracán se 20 calcula que puede producir inundaciones de un metro o más. Se aconseja, por ello, concentrarse en el primer piso de la casa.

A *Dean* se le compara con el *Emily* y otros, y se recuerda que los peores huracanes han pasado por la isla sin poder con ella y que ya forman parte de la cultura de lo inevitable, que no es la cultura del inconsciente. Mientras, las televisiones internacionales se dedican a 25 desinformar a la población con imágenes que hablan de catástrofes naturales que nunca han sucedido. También existe la impresión de que la información que llega de fuera ayuda muy poco, como no sea a incrementar la psicosis de quienes ya tienen bastante con lo que preocuparse.

"El *Wilma* fue muy duro. Estuvimos tres días encerrados y sin apenas información 30 Carecíamos de teléfono, el tendido eléctrico se vino abajo y los paseos de nuestro malecón se abrieron como si se hubiese producido un terremoto. Pasas mucho miedo, sobre todo porque no sabes en realidad lo que sucede a tu alrededor". El ingeniero Dante Espinosa tiene una pequeña constructora en la isla y una familia adorable con los que he celebrado esta pasada semana el cumpleaños de su mujer en compañía de mariachis y de un tsunami de 35 tequilas. "El mayor problema de un huracán es que se quede, que dure. Su lentitud multiplica su capacidad devastadora. Por eso *Wilma* fue terrible y nos hizo tanto daño". Apenas dos años han transcurrido de aquella experiencia y la isla se ha levantado.

Isaac, un divorciado de oro con cadena de la colección de "joyas de la corona" y Rolex a su muñeca, cuenta que su chiringuito, en un recodo privilegiado del Caribe, ha sido destruido
40 tres veces consecutivas y vuelto a levantar.

José Luis Peñalva
Diario SUR

Explotación del texto

1. **Comprensión**

    1.   ¿Qué actitud demuestra el cozumelense hacia los desastres naturales?

    2.   ¿Qué efecto han producido los ciclones hasta ahora en Cozumel?

    3.   ¿De qué manera influyen los medios de comunicación en la población?

    4.   ¿Cuáles son los servicios básicos que se pierden en un huracán según el texto?

    5.   ¿Qué idea nos proporciona del cozumelense el hecho que se describe en las líneas 36 y 40?

2. **Vocabulario**

a.   *Estas palabras tienen varios significados, elige el que más se aproxime al sentido que le da el texto.*

    – **estancia**
    a) habitación, cuarto
    b) hacienda, granja

    – **espíritu**
    a) ser sobrenatural, fantasma
    b) ánimo, valor, fuerza moral
    c) vivacidad, ingenio

    – **concentrarse**
    a) reunirse en un punto
    b) poner mucha atención en algo

    – **refugio**
    a) sentimiento de amparo
    b) lugar adecuado para protegerse

b.   *Busca en el texto dos sentidos distintos (literal y figurado) para la palabra **tsunami**.*

c.   *Explica lo que significan estas expresiones:*

    1.   **calma chicha** (línea 8)
    2.   **canto de sirena** (línea 15)

d.   *Halla en el texto las palabras o expresiones que correspondan a estas definiciones:*

    1.   muy pequeño, escaso _____

    2.   muro construido como protección contra las olas _____

    3.   quiosco o puesto de bebidas y comidas _____

    4.   asociado a una causa desinteresadamente _____

5. avivar los ánimos, las pasiones _____

6. reunir objetos o materiales que no pertenecen a uno _____

7. que carecen de los productos que venden porque estos no han llegado a su destino _____

8. aberturas muy pequeñas, agujeritos _____

3. **Se**

a. *Observa esta frase:*

– "El mayor problema de un huracán es que se **quede**, que dure". (35)

1. ¿Qué diferencias hay entre **quedarse** y **quedar**?
2. ¿Cómo llamamos a este tipo de "se"?
3. Subraya en el texto otros tres ejemplos de "se" con la misma función.
4. Inventa una oración con cada uno de estos dos verbos.

b. *Ahora observa esta otra frase:*

– "A Dean se le compara con el Emily y otros". (22)

1. ¿Qué función cumple el "se" en esta frase?
2. Subraya en el texto otros tres ejemplos de "se" con la misma función.

c. *Por último, recuerda que la presencia o ausencia del pronombre "se" puede variar el significado del verbo. Une las dos columnas para formar frases con sentido:*

1. Acordaron ( )	a. el puesto que te corresponde.
2. No te pareces nada ( )	b. de aquella tarde en Ibiza.
3. Tienes que ocupar ( )	c. citarse a las cinco.
4. Acuérdate ( )	d. a tu padre.
5. Vamos a decidir ( )	e. de las invitaciones.
6. Hay que aprovechar ( )	f. que va a llover.
7. Parece ( )	g. las oportunidades.
8. No me decido por ( )	h. de la pobre anciana.
9. Ocúpate tú ( )	i. lo que beberemos en la fiesta.
10. María se aprovechó ( )	j. ningún vestido para la fiesta.

Sección B: Ejercicios de gramática

1. **Giros idiomáticos: salir a la intemperie** *(brave the elements)*

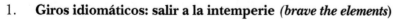

Traduce al español las siguientes oraciones usando las frases del recuadro según corresponda.

llueva, truene o relampaguee	una tempestad en un vaso de agua	posponer algo
sobrevivir la difícil situación	parecer furioso	sentirse mal
amigo de buen viento	cambiar de opinión cada dos por tres	estar abrumado
ser fácil	analizar bien una situación	

1. What's up with Pedro today? He has *a face like thunder*!
2. We are a bit disappointed in Juan and David. It turned out they were only *fair-weather friends*.
3. Don't worry about those two arguing. It's just *a storm in a teacup*.
4. The grammar exam *was a breeze*.
5. Antonio is *blowing hot and cold* over marriage.
6. *Come rain or shine* Ernesto always attends his lectures.
7. I'm going to *see which way the wind blows* before deciding whether I want to get a job.
8. I don't really want to go to the theatre tonight. Can we *take a rain-check* on it?
9. I'm feeling a bit *under the weather* at the moment as I'm *snowed under* with work.
10. The Latin-American recession is quite serious and it is becoming difficult to *weather the storm*.

2. **El uso y la omisión de la tilde: *mí vs. mi***

Mí es un pronombre personal, ej.: *¿Este regalo es para **mí**?* Sin la tilde la palabra sería totalmente diferente (adjetivo posesivo): *Ésta es **mi** casa.* Las siguientes palabras no llevan tilde, pero es posible crear nuevas palabras añadiendo la tilde (¿en algunos casos se pueden crear dos formas nuevas?).

Indica todas las formas posibles, y explica las diferencias entre ellas.

1. *mi*	mi: adjetivo posesivo	mí: 1ª persona, pronombre personal
2. tu		
3. solo		
4. aun		
5. se		
6. si		
7. viaje		
8. te		
9. ingles		
10. publico		

3. **Partículas y construcciones comparativas diversas:** *tanto, cuanto, de, que. . .*

a. *Rellena los espacios en blanco con las partículas adecuadas.*

Ejemplo: Los problemas sociales requerían más dedicación **de la que** se creía.

1. Esta dama es más guapa _____ me presentaste el otro día.
2. Lo que me ofrecen en la universidad es más del doble _____ gano aquí.
3. Los alumnos de este semestre son más aplicados _____ tuvimos el semestre pasado.
4. Hablaba español mucho mejor _____ nos había dicho.
5. Ahora tiene más esperanzas _____ tenía cuando era joven.
6. Cuanto _____ termines, mejor.
7. Él es muy generoso, _____ con sus familiares como con sus amigos.
8. _____ más hablamos, más nos liamos.
9. Tanto el cuerpo estudiantil _____ el docente desean resolver el problema de la Universidad cuanto antes.
10. Es contradictorio: ¡_____ más lo analices, menos lo comprenderás!

b. *Traduce al español las siguientes oraciones:*

1. Cozumel is similar in many respects to Cuba and Yucatan.
2. Hurricane Wilma struck Cancun with more ferocity than Hurricane Dean.
3. Spain is different from most other European countries.
4. The two sisters are remarkably similar. They are just like their mother.
5. Kenya is very different from what I had expected.

4. **La voz pasiva: traducción al español**

a. *Traduce las siguientes frases, usando el pronombre reflexivo* **se.**

1. The environment must be protected.
2. Thousands of trees are cut down every year.
3. Many of the most popular beaches have been destroyed.
4. 'Green' political parties have been created to protect the environment.
5. Ministers have been strongly criticised for not having protected the environment.
6. The work to improve the road will be completed next week.

b. *Traduce las siguientes frases, utilizando* **ser** *o* **estar.**

1. The environment has been destroyed by excessive development.
2. The trees were cut down by some twenty workers.

3.   Many of the best beaches are now destroyed.
4.   'Green' political parties have been created by people who wish to protect the environment.
5.   Ministers have been strongly criticised by the press for not having protected the environment.

Sección C: Traducción al español

Examining our consciences

As August is now upon us and (almost) all of us are on holiday, this is a good time to sit back and reflect; to examine our consciences. Now that global warming is always in the headlines, allow me to propose a short quiz: all you have to do is give an honest answer to the following questions.

Bearing in mind that motor vehicles are responsible for 40 per cent of the CO_2 emissions in the atmosphere. . .

Question one: Did you study the fuel consumption figures for your car before you bought it? Do you ever leave it parked and walk or use public transport to get to where you want to go?

(As for me, I'm keeping my answers to myself. I'm not going to confess my sins that easily.)

Question two: Before you moved into that lovely little house 20 kilometres from the nearest town centre – where the developers promised you could be in town in just 15 minutes – did you consider the public transport option? Did you think about how far it was from the beach, your workplace or your social meeting points, and how many kilometres you would have to do every day?

Question three: it's the weekend and you feel like going out, perhaps some shopping and a drink with relatives or

friends. . . Do you stay close to home, in the same village or neighbourhood, or do you drive to a shopping centre or somewhere else that can only be reached by private transport?

Question four: When at the wheel, do you like to go fast, rev the engine more than necessary, keep in fourth on the motorway to hear the hundreds of horsepower working hard?

Question five (and the most important one of all): Could you live in a world without oil?

Ignacio Lillo in *Sur in English*
ed. no. 1201

Sección D: Documento sonoro

Las culturas indígenas y el medio ambiente (04:53)

En el siguiente texto una socióloga peruana Patricia Oliart, profesora de Newcastle University nos habla de algunos aspectos de las culturas indígenas de su país.

1.   **Antes de escuchar**

     1.   Escribe tres datos que sepas sobre el Perú.
     2.   Descríbele a tu compañero la primera imagen que se te ocurre cuando oyes mencionar el Perú.

2. Inmersión en el lenguaje

En el texto se utilizan varias palabras complejas. Une las definiciones con las palabras extraídas de la grabación:

ecosistemas ( )	a. Variedad de especies animales y vegetales en su medio ambiente
etnohistoria ( )	b. Cualidad de algo que sirve para completar o perfeccionar algo más.
biodiversidad ( )	c. Parte de la antropología que se ocupa del estudio de diferentes grupos étnicos y sus culturas.
complementariedad ( )	d. Se dice de los pueblos o gentes originarios del mismo país en que viven.
autóctono / a ( )	e. Comunidad de los seres vivos cuyos procesos vitales se relacionan entre sí y se desarrollan en función de los factores físicos de un mismo ambiente.

3. ¿Has comprendido?

a. *Completa la información.*

1. Patricia describe al Perú como un país _____ _____.

2. El texto menciona a los indígenas de los siguientes países:

3. A todos estos países los une:_____

4. La base de estas sociedades estaba en _____
_____ y esto los llevó a _____
_____

b. *Contesta las preguntas*

1. ¿En qué consiste lo que se ha llamado el control vertical de los pisos ecológicos?

2. ¿Qué acontecimiento cambió por completo el curso de la historia en esta zona y cuándo ocurrió?

3. Describe en tus propias palabras la diferente visión que tenían los españoles y los indígenas del territorio.

Sección E: Temas orales

1. **¿A favor o en contra de las corridas de toros?**

a. *¿Has asistido alguna vez a una corrida de toros? ¿Cómo reaccionas al oír la mención de este tema?*

b. *Dividir la clase en grupos de tres a cinco estudiantes donde uno de los cuales actuará como moderador y los otros como exponentes de cada uno de los puntos de vista. Cada estudiante debe prepararse para un debate leyendo y tomando notas sobre el punto de vista que va a defender. El moderador deberá familiarizarse con los diferentes textos y guiar la discusión.*

Estudiante A

La barbarie de las corridas de toros

No puedo entender como una persona pueda llamar fiesta (brava) y arte a la tortura de un animal. Hay que estar enfermo de la mente para aplaudir y lanzar elogios al torturador, que llaman torero, mientras éste se luce ante un animal moribundo, castigado con una serie de instrumentos hasta provocarle la muerte. En realidad es el show de la muerte, pues durante la corrida de toros, el animal es torturado una y otra vez, desde antes que salga al ruedo, y durante la corrida.

Estudiante B

La corrida de toros no es un espectáculo edificante ni creador de valores . . . para nada; es simplemente el gusto de solazarse en la tortura de un animal.

Creo que debe existir un grado de psicosis en la gente que gusta de esto, una incapacidad de empatía con el sufrimiento de otro ser vivo. Si ya el disfrutar pasivamente de un espectáculo sangriento y real como éste es un síntoma de barbarismo; el ver "arte" en ello delata una perversión fanática del gusto. La tauromaquia sirve para que la gente proyecte su instinto criminal y todos sus prejuicios en la figura de un animal inocente al cual conciben como un "monstruo que merece morir", todo esto disfrazado de "evento cultural".

La corrida de toros no es un espectáculo edificante ni creador de valores . . . para nada; es simplemente el gusto de solazarse en la tortura de un animal.

Las corridas de toros son una perversión del arte . . . de la misma manera que sería una perversión ver una puesta de Hamlet en la cual los actores son asesinados de verdad. Una cosa es hacer una representación artística de la muerte y otra cosa es matar, asesinar causando sufrimiento a sangre fría aunque para ello se luzcan licras y chalequitos adornados de luces y oropeles. Y esto es válido aunque la víctima sea un animal.

Estudiante C

En el Perú existen más de 300 plazas de toros y se dan unas 1000 corridas al año, todos los meses y semanas del año. Las entradas en provincias valen entre 3 y 10 soles en promedio lo que hace a las corridas de toros un espectáculo popular en el Perú.

Es lamentable que por ignorancia se pretenda acabar una tradición cultural peruana, rica en historia, ¿sabrás acaso cuántas palabras que usas a diario tienen origen taurino? "bajar al ruedo", defender a "capa y espada", son 2 ejemplos.

Ahora lo mejor se viene cuando entras al plano del sufrimiento. Resumiré muy simple: los pollos que tú te comes también sufren para alimentar tu placer de comer carne (porque puedes ser vegetariano, no dañar pollos y vivir feliz), sin embargo, yo no hago campaña ni trato de prohibir que comas pollos (perdón, que mates pollos y que sufran) el resto son pamplinas, ¿quieres acabar con los toros? Comienza por ti mismo, vuélvete vegetariano, prohíbe la caza y la pesca, prohíbe comer carne y cuando ya hayas eliminado el sufrimiento que tú les ocasionas a los animales, ahí hablamos de prohibir los toros. Al menos eso es lo más justo.

Estudiante D

> Yo estoy a favor de las corridas de toros, porque en mi opinión es un entretenimiento más como otros muchos que hay porque si te pones a criticar los entretenimientos, se pueden criticar todos, por ejemplo, en el fútbol suele haber violencia.
>
> En las corridas de toros el toro muere sufriendo pero muchos animales mueren de forma violenta en los mataderos y nadie critica que los maten en los mataderos porque luego nos los comemos; además, el toro que sale en las corridas de toros ha estado muy bien cuidado, por eso yo no estoy en contra de este entretenimiento que viene ya de muchos años atrás, creo que nadie que vaya a ver los toros sale indignado puesto que le gusta ver ese espectáculo; si no te gusta el espectáculo no vayas a verlo, pero no lo prohíban para que a los que de verdad les gusta no puedan ir a verlo sólo porque hay gente a la que no le gusta. Creo que no se debería prohibir y se debería mantener como algo propio de nuestra cultura; también hay mucha gente a la que no le gusta el fútbol y lo ve como un espectáculo tradicional en el que a veces hay actos de violencia entre personas.
>
> Las corridas de toros tienen cosas buenas y cosas malas, pero como todo, ¿qué espectáculo no tiene cosas negativas?
>
> Pienso que en la vida hay muchas otras cosas que merecen más atención y más crítica que los toros.

c. **Actividad adicional**

- *Iniciar un debate abierto para toda la clase en el que cada estudiante puede expresar su propio punto de vista.*
- *En grupos pequeños sugerir actividades alternativas para las fiestas anuales.*
- *En grupos pequeños escribir cartas llamando a una manifestación en defensa de una de las posturas.*

Ejemplo de carta

> Apreciados miembros de la Juventud Taurina:
>
> Este domingo los antitaurinos han convocado una manifestación antitaurina. Es nuestro gran día para demostrarles con nuestra presencia el soporte que la fiesta tiene por parte de los jóvenes. Además mañana llega al parlament la propuesta de ERC para abolir las corridas de toros en Cataluña. El día 25 tenemos que reivindicar nuestra fiesta, nuestra historia y nuestra cultura desde la plaza de toros monumental de Barcelona. ¡Os rogaría máxima asistencia! No lo hagáis por la Juventud Taurina de Barcelona, hacedlo por la fiesta . . . no podemos permitir que los antitaurinos ganen su batalla, la propuesta que llega mañana dará un primer serio aviso contra la fiesta. ¡¡¡Basta de intolerancia y discriminación!!! ¡¡Defendamos la fiesta taurina!!

Los antitaurinos dicen que la afición taurina joven en Barcelona está muerta . . . si el día 25 sólo vamos 10 personas . . . no les quitaré razón.

¡¡NO FALTÉIS, ES NUESTRO DÍA!!

2. **El año 2050**

a. Es el año 2050. Los pozos de petróleo están ya secos. En partes del mundo no ha llovido desde hace varios años. ¿Cómo será la vida diaria? ¿Cómo serán las ciudades? ¿y el campo?

1. *En grupos de tres estudiantes discutan estas preguntas basándose en tres de los siguientes aspectos:*

rutina diaria	paisaje
ropa	flora y fauna
salud	energía
alimentación	tecnología
comunicación	vivienda
transporte	relaciones internacionales

2. *Después de la discusión los grupos harán una presentación al resto de la clase.*

b. Vives en un país donde el agua escasea y por lo tanto está racionada. Cada persona tiene derecho a un baldado de agua por día (baldado de balde, cubo en España). *Discute con tu compañero qué impacto tendría esto en tu vida y cómo sería tu rutina diaria.*

3. **Aprobación de proyectos**

La convención de la Organización de las Naciones Unidas (ONU) sobre el Medio Ambiente y el Desarrollo se llevará a cabo en Quito el próximo mes y tú eres un miembro del comité que estudia varios proyectos para recomendar a cuáles se les deben adjudicar fondos. Los proyectos deben estudiarse desde los siguientes puntos de vista:

- Su impacto para los seres humanos
- Su impacto para el medio ambiente
- Necesidades de desarrollo y ambientales de la región / vulnerabilidad de la misma
- Contribución a la erradicación de la pobreza

La clase se divide en grupos de tres estudiantes.

1. *Cada estudiante toma un proyecto diferente y lo explica al resto del grupo.*

2. *El grupo debe discutir los méritos de cada proyecto y llegar a un acuerdo sobre cuál debe recibir la ayuda de la ONU.*

3. *Cada grupo debe reportar su decisión a la sesión plenaria dando las razones para su elección.*

I. Programa Paraíso

Este proyecto lo presenta una organización conformada por profesionales voluntarios que buscan lograr un manejo forestal sostenible, una cohesión social y un desarrollo económico de la región de la amazonía colombiana. Se busca lograr el beneficio de los grupos indígenas, y colonos (personas no indígenas que viven en la zona).

Objetivos del proyecto

- Creación de redes de cooperación entre resguardos indígenas, comunidades de colonos y autoridades regionales.
- Capacitación sobre explotación, manejo y uso de recursos para el desarrollo sostenible. Manejo apropiado de las zonas de cultivo.
- Asistencia técnica y logística en cuanto a reforestación, protección de carbono, agua y oxígeno.
- Asesoramiento sobre programas comunitarios que permitan un mejoramiento de la calidad de vida de las comunidades.
- Creación de invernaderos y semilleros de plantas autóctonas indispensables para la recuperación de las zonas deforestadas.

En una primera etapa se busca trabajar en una sola zona piloto en la región de La Floresta, que sirva de modelo para las otras comunidades.

II. Operación Reverdecer

Este proyecto abarca el estudio, seguimiento y la gestión sostenible de áreas en peligro de desertificación a lo largo de la zona mediterránea. El proyecto es resultado de las investigaciones llevadas a cabo por las universidades X y Z (España) con colaboración de las diferentes regiones del Mediterráneo.

Objetivos del proyecto

Basándose en el conocimiento existente sobre las zonas con riesgo de desertización y los resultados de los estudios en las zonas piloto se establecerá un cuerpo de prestación de servicios, un programa de acciones y un equipo de observación regional para combatir la desertización. Por medio de este enfoque triple se busca lograr un intercambio de datos y detener el proceso de desertificación del área.

III. Una gigantesca planta de reciclaje para Costa Rica

El presente gobierno de Costa Rica propone instalar la planta de reciclaje más grande de la región para que se pueda llevar a cabo el tratamiento ecológico de todo material reciclable. Se trata de un ambicioso proyecto de enormes dimensiones en las afueras de la capital San José. Actualmente se cuenta con una planta de reciclaje de metales a 5 km. al norte de la capital, una chatarrería que diariamente recibe camiones provenientes de todo el país y que está causando un cierto deterioro de la zona. El gobierno central planifica adecuar las vías de acceso a la planta y ampliar el procesamiento para tratar, además de metales, papel, cartón, plásticos, vidrio, escombros, neumáticos, etc. y mejorar su impacto para el medio ambiente pero no lo podrá lograr sin una fuerte ayuda.

CAPÍTULO 8

LA SALUD

Sección A: Textos escritos

1. ¿Vives o ves la tele?

La Semana Internacional Sin TV se celebra en abril: una invitación para apagarla y encender la imaginación.

Imaginemos un mundo sin tele. . . parece imposible. Hasta en los lugares más remotos, donde hay grandes dificultades para disponer de las necesidades básicas, encontramos un televisor llenando el aire con imágenes y sonidos. La propuesta de una semana sin televisión (del 21 al 27 de abril), que se viene haciendo en Estados Unidos desde hace más de 10 años, pretende
5   llamar nuestra atención sobre el papel que tiene esta caja mágica en nuestra vida. TV-Free America, con su fundador Henry Labalme a la cabeza y apoyado por escuelas, médicos, psiquiatras, profesores, escritores y deportistas, pide a los ciudadanos desenchufarse y anima a pensar en lo que podríamos llegar a hacer con el tiempo que pasamos frente a ella. Se trata de una propuesta voluntaria que siguen cada año cuatro millones de americanos.
10   Imaginemos qué pasaría si durante una semana una mano mágica ennegreciera todas las pantallas. Pues eso ocurrió a finales de abril del año 1980, en Suecia, debido a una huelga general. Se paralizó todo el país incluidas las comunicaciones. Sólo se emitían noticias. El resultado: más robos, más maltrato y un aumento considerable del consumo de alcohol.

Una costumbre que crea adicción
15   Según los expertos que analizaron el tema, esto se debió a que ver la televisión de una forma indiscriminada produce adicción. Señalaban que se usa como una droga y que, como cualquier droga, su falta produce síndrome de abstinencia: nerviosismo, hastío e irritabilidad, entre otras cosas. Sin embargo, según el estudio, el 61% de los niños declaró que fue más feliz durante esa semana, porque jugó más, tuvo más tiempo, pasó más ratos con la familia y pudo
20   descubrir cosas nuevas.

¿Realidad o ficción?

Según las asociaciones de usuarios, en España pasamos una media diaria de 3 a 5 horas frente al televisor. Hoy tenemos que añadir, además, "las otras pantallas", cuyos efectos son similares: el ordenador, la videoconsola y los móviles. Carlos Fresneda, el autor de *Vida*
25 *simple*, habla de "tecnoestrés" cuyos efectos serían sobre todo la incapacidad para vivir con atención en el presente, la fragmentación de la realidad y la creación de otra paralela y ficticia. En sus palabras: "La tele tiene el poder de hacernos ver la vida como una serie atropellada de sucesos inconexos que escapan a nuestro control".

El psicólogo Alejandro Causell coincide en el diagnóstico: "la televisión fragmenta la realidad
30 y produce una huida hacia lo irreal; más que reflejar la realidad, crea un mundo de placeres y de soluciones mágicas que provoca pasividad, superficialidad e impulsividad". Según la pedagoga Gabriela Martínez-Villaseñor, eso tiene mucho que ver con el aumento de casos de hiperactividad y déficit de atención en los niños. Y no sólo en los niños, pues cada vez más adultos sufren el mismo síndrome: "el síndrome de la realidad fragmentada", que es la
35 incapacidad para concentrar la atención y para vincularse con la realidad inmediata.

Un uso más racional

Ecologistas en Acción, promotores de la Semana sin Tele en España, destacan que la sensación de que cada vez estamos mejor comunicados a través de la tecnología es falsa y que intentamos compensar la soledad y las dificultades para comunicarnos zambulléndonos
40 en esa realidad ficticia que nos ofrecen las pantallas y en el consumo. "Además de provocar aislamiento, contribuye al deterioro del medio ambiente, porque los contenidos incitan constantemente al consumo irracional". También invitan a imaginar lo que podríamos hacer con ese tiempo en nuestra vida real: hablar con un amigo, aprender a bailar, contarle un cuento a nuestro hijo, escribir un poema, pensar. . . Proponen al espectador dejar de ser el
45 receptor pasivo de una realidad falsa para convertirse en creador de la realidad de la propia vida.

Las asociaciones de usuarios no cuestionan el medio, sino el uso que se hace de él; exigen contenidos dignos y respeto a los horarios infantiles, denuncian el abuso de la publicidad, los estereotipos sexistas que predominan y la continua apología de la violencia en las emisiones.
50 Muestran cifras: por ejemplo, un niño puede ver al año una media de 12.000 actos de violencia y 14.000 referencias de contenido sexual. Según Gabriela Martínez: "Estos contenidos actúan directamente en el inconsciente del niño, que aún no puede racionalizar lo que está viendo; asimila sin filtros patrones de conducta que van a influir en su forma de relacionarse con el mundo y con los demás". Pero, ¿podemos enseñar a nuestros niños a ver
55 la televisión de forma responsable?

En las escuelas americanas, por ejemplo, se imparten cursos de *media literacy* (alfabetización mediática), en los que enseñan a los niños a ver racionalmente la televisión. De hecho, tanto Lolo Rico como Ángeles Pérez coinciden: es el adulto el que tiene que aprender a ver la televisión. Si no elegimos ni discriminamos. . . ¿cómo vamos a enseñar a nuestros hijos?

60 ¿Usamos la tele o la tele nos usa a nosotros? Tal vez apagarla una semana o, aunque sólo sea un día, nos ayude a dar una buena respuesta.

Maite Voces Calvo
Revista Unica ed. n° 48

1. **Antes de leer**

   1. ¿Cuáles son tus programas favoritos? ¿Por qué?
   2. ¿Cuántas horas a la semana dedicas a ver televisión?

Explotación del texto

2. **Aprendizaje de vocabulario**

a. **Grupos de palabras**

   En este texto se usan varios términos relacionados con la tecnología de la comunicación y las profesiones, trastornos y síntomas. ¿Podrías agruparlos?

   1. **La tecnología de la comunicación**

Aparatos	Verbos o sustantivos relacionados
el televisor	*encender*

   2. **Las profesiones y síntomas**

Profesiones	Síntomas

b. *Busca en el texto las palabras o expresiones que corresponden a los siguientes significados:*

1. Poner negro
2. Dedicarse a otra actividad que no sea la tele
3. Relacionarse uno mismo con lo que pasa a su alrededor
4. Que no se relaciona con otra cosa
5. Impulsor de una idea
6. Distante, lejano
7. Meterse de lleno o esconderse en algo
8. El que usa habitualmente una cosa

3. **Busca la información**

Completa las siguientes declaraciones:

1. La campaña de 'una semana sin televisión' en los Estados Unidos busca. . .
2. En Suecia, cuando se bloquearon las comunicaciones . . .
3. Esta reacción en la sociedad ha sido comparada con . . .
4. En el texto la reacción de los niños se podría caracterizar de _____ debido a que . . .
5. Se dice que el tecnoestrés hace que . . .
6. Según Alejandro Causell la televisión vuelve a la gente _____ _____ y según Gabriela Martínez-Villaseñor hay más niños . . .
7. Para Ecologistas en Acción es falso _____ y sostienen que nos sumergimos en la realidad ficticia ofrecida por las pantallas . . .
8. Un efecto negativo de los contenidos de las pantallas . . .
9. La Semana sin Tele en España invita al espectador a . . .

4. **Gramática**

a. **Las frases condicionales**

1. *Tomando las siguientes oraciones del texto explica por qué en la primera se utilizan el condicional y el subjuntivo mientras que en la segunda se utiliza el indicativo.*

   – Imaginemos qué pasaría si durante una semana una mano mágica ennegreciera todas las pantallas. (10–11)
   – Si no elegimos ni discriminamos . . . ¿cómo vamos a enseñar a nuestros hijos? (59)

b. **Los adverbios**

En muchos casos hay equivalencia entre los adverbios que terminan en **–mente** y las frases adverbiales **con** + sustantivo; por ejemplo, **con atención** (26) = **atentamente**.

1. *Busca tres ejemplos más en el texto, de una u otra forma y proporciona el equivalente siguiendo el ejemplo que te hemos anotado.*

mente	Frase preposicional
Racionalmente (57)	*Con racionalidad*

2. *En el siguiente recuadro llena los espacios:*

mente	Frase preposicional
Regularmente	
	Con rapidez
Generosamente	
Francamente	
	Con dificultad
	Con corrección
Muy claramente	
Muy orgullosamente	
	Con mucho cuidado
Más frecuentemente	

3. *Escribe oraciones con tres de ellos.*

5. **Debate y opiniones**

Prepárate con tu compañero para un debate defendiendo u oponiéndose a alguna de las siguientes declaraciones:

1. ¿Usamos la tele o la tele nos usa a nosotros?
2. 'Necesitamos poder relajarnos y descansar y no hay nada de malo en sentarnos a ver la tele para lograrlo'.
3. La televisión es responsable de la epidemia de obesidad de hoy.

6. **Escritura libre**

   Escribe una carta (de 300 palabras máximo) en nombre de una de las asociaciones de usuarios de la tele, a los medios o a las autoridades exigiendo cambios en los medios.

2. Salud espiritual: cómo aprender a relajarse

Cada vez son más los españoles y españolas que deciden renunciar a los bares de tapas o a la dosis diaria de televisión para dedicar gran parte de su tiempo libre a actividades espirituales de un tipo u otro. En una época marcada por ritmos de vida frenéticos, estrés laboral y urbes desproporcionadamente grandes y superpobladas, los españoles se han volcado con ganas
5   hacia el lado más espiritual del ocio. Entre las actividades que más interés despiertan están: el yoga, el tai chi, la meditación y la lectura de libros que tratan sobre estos temas y otros de semejante cariz. Mariano Otheguy, ingeniero naval de 32 años de Madrid, nos contaba que a través del tai chi ha recuperado un equilibrio emocional que se veía mermado por sus frenéticas actividades diarias. "El ruido constante que nos rodea", dice Mariano, "disminuye
10 nuestro nivel energético, y esto nos agota, hace que nos encontremos cansados con frecuencia. Por asuntos de trabajo, me veo obligado a viajar a menudo pero, esté donde esté, a través del tai chi consigo entrar en una zona personal de silencio aislada del entorno que me rodea, en la cual consigo recargar esas energías que tanto necesito para seguir trabajando a pleno rendimiento. Antes de descubrir el tai chi, que ahora practico a diario
15 dondequiera que me encuentre, me sentía mucho más cansado durante la jornada laboral y tampoco lograba disfrutar de mi tiempo libre. Sin embargo, desde que comencé, siempre tengo fuerzas para enfrentarme a mi rutina diaria y también para realizar actividades físicas que siempre había querido practicar, como el senderismo y la escalada de bajo nivel."

La meditación es otra de las prácticas espirituales procedentes de Oriente que más adeptos
20 encuentra en el mundo occidental. En España, los centros que ofrecen clases regulares de meditación se han extendido considerablemente en los últimos años, sobre todo en las ciudades de mayor población. La meditación regular es uno de los pilares del Budismo, una religión oriental que empezó a extenderse de forma generalizada en Europa y los Estados Unidos a partir de los años 60, aunque su existencia era conocida en Europa desde finales
25 del siglo XIX. El psicoanalista Carl Gustav Jung, discípulo de Sigmund Freud, ya recomendaba a sus pacientes la práctica de la meditación como método para combatir la depresión y otras afecciones del espíritu durante la primera mitad del siglo XX. Carmen Jiménez, de 24 años, es músico profesional y vive en Barcelona; lleva varios años practicando meditación todas las mañanas al levantarse y además acude a un centro budista local una vez a la semana. "Yo
30 medito regularmente sobre todo porque lo disfruto muchísimo, para mí la meditación es un placer, pero también obtengo muchos efectos secundarios beneficiosos, como el estar más relajada, tener la mente más despejada y ser capaz de concentrarme con una intensidad que antes no lograba. Cuando tengo un problema que me preocupa, tanto si es grave como si se trata de una tontería, soy capaz de sentarme y pensar racionalmente sin que me acose el

35 pánico ni agobiarme. No me distraigo tan a menudo con pensamientos negativos que antes me hacían perder el tiempo." Carmen encuentra también numerosas ventajas a nivel profesional: "Toco el clarinete en casa unas cuatro o cinco horas cada día, y, desde que medito todas las mañanas durante veinte minutos antes de desayunar, he notado que puedo mantener la concentración durante periodos mucho más largos así que ya no necesito

40 tantos descansos. Hay muchos tipos de meditación además de la budista, y tampoco hace falta convertirse al Budismo para practicarla en mi centro; se puede ser católico, musulmán o agnóstico, e incluso ateo. Yo soy budista, pero muchas de las personas que vienen al centro no lo son."

El yoga nació en India entre los siglos IV y VI d.C. y es una práctica de autoconocimiento y

45 evolución espiritual que se basa en el control de la respiración, de los latidos cardíacos y de la musculatura voluntaria, a través de una serie de posturas corporales fijas. El yoga se puede practicar en grupo o de manera individual y, como nos dice María Alcolea, una jubilada de 68 años de Almería, es un ejercicio apto para todas las edades: "Yo practico el yoga en un gimnasio de mi ciudad que ofrece clases nocturnas para grupos reducidos. Vienen viarias

50 madres y padres con uno o dos de sus hijos y también hay varias personas de mi edad. Cada uno viene por razones diferentes pero, a mí, el yoga me ha servido para dos cosas fundamentales: relajar muchas tensiones, físicas y psicológicas, que he ido acumulando a lo largo de duro trabajo como ama de casa con seis hijos y para retomar el contacto con mi propio cuerpo. Nunca he tenido enfermedades graves y, hasta hace poco, siempre he

55 disfrutado de una reserva de energías que parecía inagotable. Sin embargo, cuando cumplí los sesenta, me sentía muy rígida y mi cuerpo ya no me respondía como antes. Entonces una amiga me convenció para ir a clases de yoga y accedí. Desde entonces me siento mucho más ligera, más flexible. Me he quitado diez años de encima." El yoga es una doctrina filosófica además de física, utiliza el cuerpo como vía para entrar en sintonía con las emociones y con

60 el aspecto espiritual de nuestra psique. Al contrario que el deporte, que se desarrolla de forma competitiva, el yoga rara vez va unido a las tensiones y ansiedades que crean el deseo de ganar. El yoga nos acerca a nosotros mismos.

Los españoles, al parecer exasperados por los rigores de la vida moderna, se acercan sigilosamente pero en número cada vez mayor a la espiritualidad. Este uso original y todavía

65 poco extendido de su escaso tiempo libre parece ayudarles y hacer sus vidas más agradables y felices. Y si es así, ¿qué mejor uso pueden hacer de esas horas diarias alejados del constante ajetreo de la vida moderna?

Luis Ortega, director teatral
(artículo adaptado)

1. **Antes de leer**

    1. Averigua qué clase de personas son tus compañeros... ¿tranquilas, nerviosas, se estresan con facilidad? ¿Qué suelen hacer cuando están estresados?

2. ¿Qué sabes de las técnicas orientales de relajación? ¿En qué consisten? ¿Has practicado alguna vez alguna de ellas?

2. **Prepárate**

Une las siguientes palabras con sus definiciones para que te ayuden un poco más a comprender el texto:

1. **senderismo** (18)   a. mostrarse conforme con algo, decir que sí.
2. **despejada** (32)   b. en secreto o silencio que se guarda por cautela.
3. **acceder** (57)   c. dar largas caminatas por el campo.
4. **en sintonía** (59)   d. libre de estorbos, despierto.
5. **sigilosamente** (64)   e. actividad muy intensa, agitación.
6. **ajetreo** (67)   f. en entendimiento o afinidad.

Explotación del texto

3. **Métodos de relajación**

Lee el texto y completa el siguiente cuadro. A veces puede faltar información ¿sabrías proporcionar tú los datos que faltan?

Actividad	Beneficios	¿En qué consiste?	Orígenes	¿Cuándo y dónde se practican?
Tai chi				
Meditación				
Yoga				

4. **Resumen**

Después de haber leído el artículo, rellena los espacios de este pequeño resumen con las palabras que consideres más oportunas. En ocasiones tendrás que utilizar más de una.

En España estamos viendo cómo la vida diaria se vuelve cada vez más _____ (1). Aunque a los españoles les apasiona dedicar sus momentos de ocio a _____ (2), parece que ahora empiezan a preocuparse más por su _____ (3) y han decidido empezar a practicar algunas _____ (4).

Entre ellas están el tai chi, la meditación y el yoga. La meditación, por ejemplo, disfruta últimamente de una gran _____ (5) sobre todo en las ciudades más grandes. Aunque los orígenes de esta técnica son _____ (6), la religión no _____ (7). En cuanto al yoga, se trata de una actividad excelente para _____ (8). A través del cuerpo _____ (9). Los ciudadanos, cansados de _____ (10), han encontrado _____ (11) en este tipo de ejercicios.

5. **Expresiones**

Explica en tus propias palabras lo que quieren decir estas expresiones en el artículo.

1. **los españoles se han volcado con ganas** (4)
2. **un equilibrio emocional que se veía mermado** (8)
3. **para seguir trabajando a pleno rendimiento** (13–14)
4. **una reserva de energías que parecía inagotable** (55)
5. **me he quitado diez años de encima** (58)

6. **Pero/sino/sino que**

a. *Observa estas tres frases. ¿Qué diferencias notas en el uso de la conjunción?*

– Yo soy budista, pero muchas de las personas que vienen al centro no lo son.
– Yo no soy cristiana, sino budista.
– Yo no soy cristiana, sino que soy budista.

b. *Ahora completa estas frases con la conjunción correcta: **pero**, **sino** o **sino que**.*

1. Empecé con el yoga _____ a las dos semanas tuve que dejarlo.
2. No te dije que me llevaras a la clase de yoga _____ me fueras a recoger.
3. La meditación es buena no sólo para la mente _____ para el cuerpo también.
4. No les gusta ir al gimnasio _____ tienen que hacerlo por su salud.
5. Lo que necesito no es comer _____ dormir e intentar relajarme.
6. No es que duerma poco _____ tengo pesadillas y duermo mal.
7. No puedo practicar deportes _____ puedo hacer tai chi.

7. **Tus opiniones**

Escribe una redacción partiendo de alguno de los siguientes temas y en la que puedas expresar tus pensamientos:

1. Las enfermedades mentales pueden ser más destructivas que las enfermedades físicas.
2. Deberíamos promocionar más y mejor el cuidado de la salud mental.
3. Todos necesitamos cuidar de nuestro espíritu aunque no sea a través de una religión.

3. La botica en casa

Se dice que los mayores de sesenta años son los españoles que más medicamentos consumen. Hay que matizarlo. ¿Cuántas medicinas toman ellos y cuántas se las toman familiares, amigos y vecinos, aunque sean cargadas a la cartilla de la Seguridad Social de los veteranos? Los sistemas de control del gasto farmacéutico han mejorado, pero no tanto
5   como para evitar el agujero que supone la costumbre hispánica de utilizar al abuelo para hacerse con fármacos a bajo precio. La práctica requiere cierta connivencia de los médicos, pero éstos bastante tienen con echarle un vistazo a sus muchos pacientes y recetarles lo que necesitan, o lo que piden, según.

Otro matiz: aunque los mayores propenden a la hipocondría (natural: ¡no van a ser
10   hipocondríacos los jóvenes!) y, en consecuencia, son aficionados a tomar pastillas, brebajes y supositorios varios, su mayor consumo viene también derivado del inveterado y productivo hábito de la industria farmacéutica de dispensar las medicinas en envases más grandes de lo necesario. Si un tratamiento de antibióticos exige catorce pastillas, los fabricantes lo venden en tubos de veinte.

15   Las píldoras sobrantes tienen un doble destino, a cuál más perverso: sangran las delicadas cuentas de la Seguridad Social en la misma medida en que alegran las carteras de los accionistas de esta industria, y llenan uno de los habitáculos más queridos de los hogares españoles. Me refiero al botiquín, ese armario o cajón que no falta en ninguna casa, siempre insuficiente para nuestra capacidad de conservar las medicinas sobrantes de cada resfriado,
20   los remedios que se revelaron inútiles en su momento pero nunca nos decidimos a desechar, los botes y cajas que guardan los secretos de tantas enfermedades imaginarias como creímos padecer durante una mala noche. . . Las que necesitamos las tenemos a mano, no en el botiquín. En el botiquín están las otras. De tarde en tarde hacemos limpieza y nos atrevemos a tirar a la basura —los más cívicos, a la farmacia- las que hace años que caducaron
25   y aquellas que tenemos que leer el prospecto para saber de qué demonios nos curaban, y ni aun así alcanzamos a relacionarlo con un dolor que cuando lo sufrimos nos parecía lo peor del mundo y ahora, al cabo del tiempo, apenas sobrevive en el recuerdo.

Pero la mayoría de los fármacos siguen ahí, en una alerta involuntaria a la sombra del botiquín doméstico, por si nos da por enfermar o por creer que enfermamos. Y el botiquín crece y
30   crece, como los gastos de una Seguridad Social que se mantiene próspera de momento gracias a las cotizaciones de los inmigrantes, como el consumo farmacéutico de una tercera edad cada vez más numerosa, como los beneficios de la industria del ramo, tan cuidadosa de nuestros males que hasta los inventa y nos convence de ellos.

José Aguilar
Diario Málaga Hoy y otros del grupo Joly

Notas

1. **según (8)**   Normalmente nunca se debe terminar una frase en español con una preposición. Sin embargo en este uso vemos un caso de elipsis: **según** (el caso).

1. **Antes de leer**

    1. ¿Cómo es el sistema farmacéutico en tu país? ¿Y en España?
    2. ¿Qué tipo de medicinas se pueden comprar sin receta y dónde?
    3. ¿Te parece que los medicamentos en general son un producto caro o barato?

Explotación del texto

2. **Palabras complejas**

a. *Encuentra dentro del texto las palabras que se corresponden con las siguientes definiciones.*

    1. aprovecharse de alguien sacándole dinero
    2. precisar, aclarar un punto o una información
    3. cuotas o pagos que se realizan a un organismo
    4. libreta en la que se apunta la historia clínica de un paciente
    5. tienda donde se venden remedios y medicinas, farmacia
    6. mueble pequeño y portátil para guardar medicinas
    7. organismos públicos encargados de servicios como la sanidad, las pensiones, los subsidios . . .

b. *Completa las frases con los siguientes términos (en su forma correcta) extraídos del texto:*

   connivencia, propender (propenso), dispensar, caducar, ramo, inveterado, cívico

    1. La Sra. García tenía una. . . . . .afición al teatro.
    2. En los establecimientos españoles ya no. . . . . .tabaco.
    3. Si tomas productos. . . . . .puedes caer enfermo.
    4. El niño es. . . . . .a marearse, por eso no vamos en barco.
    5. Sus actos siempre han sido. . . . .; es, por tanto, un buen ciudadano.
    6. Está en. . . . . .con la policía para realizar el atraco sin riesgo de ser detenido.
    7. Antonio trabaja en el. . . . . .de la construcción.

c. *Entre estas palabras hay dos que son polisémicas, es decir, tienen varios significados. ¿Puedes decir cuáles son?*

3. **Comprensión**

a. *Lee el texto e indica en qué líneas se mencionan estas ideas, si es que se mencionan.*

    1.   En casi todos los países es normal que los ancianos obtengan las medicinas más baratas.

    2.   En España los jóvenes se aprovechan de los mayores para conseguir medicamentos rebajados.

    3.   La industria farmacéutica produce medicinas en envases de tamaño excesivo para así obtener más ganancias.

    4.   Los jóvenes tienden cada vez más a ser hipocondríacos.

    5.   Los fármacos que son verdaderamente importantes no están en el botiquín.

    6.   Los beneficios del servicio público de salud en España son altos.

    7.   El consumo de fármacos ha disminuido en España porque cada vez hay menos personas mayores.

b. *Explica para qué sirven las medicinas que les sobran a los españoles según el texto.*

c. *Según el texto ¿cuál es el principal gasto de la Seguridad Social y cuál es principal beneficio?*

4. **Vocabulario farmacéutico**

a. *Vamos a recopilar todas las palabras relacionadas con la salud que aparecen en el texto. Agrúpalas en las siguientes categorías:*

medicinas	dolencias	envases	ancianos

b. *Ahora añade las que tú conozcas. Ya has visto que el autor utiliza muchos sinónimos para no repetir términos. Intenta usar esta técnica cuando escribas.*

5. **Gramática**

Elige la forma correcta:

    1.   En el botiquín *son/**están*** las otras.

    2.   El clima del norte de Inglaterra *es/está* húmedo.

    3.   Hoy *está/es* la sala de espera llena de pacientes pero ayer no vino nadie.

    4.   En aquella época no *estábamos/éramos/fuimos* necesitados de dinero.

    5.   Hace un año *fui/era/estuve/estaba* a un paso de la muerte.

    6.   No pudo acompañarme porque *era/estaba/fue/estuvo* pendiente de una llamada.

7.   Es normal que *estás/eres/seas/estés* cansado; has trabajado mucho.

8.   El informe *está/es* basado en una investigación científica.

4. El sistema sanitario español

La asistencia sanitaria consiste en la prestación de los servicios médicos y farmacéuticos necesarios para la salud de sus beneficiarios. En España, estos servicios se prestan a través tanto de hospitales públicos (pertenecientes a la Seguridad Social) como privados. La calidad de la asistencia sanitaria en España es bastante buena.

5   *Sanidad pública.* -El estado español cubre las necesidades sanitarias y farmacéuticas de todos sus ciudadanos mediante el Sistema Nacional de Salud, financiado a través de las cotizaciones a la Seguridad Social, y gestionado por las Comunidades Autónomas, a través de sus Consejerías de Sanidad, y Servicios Regionales de Salud. Más del 90% de la población utiliza este sistema para sus necesidades médicas.

10   Todos los trabajadores por cuenta ajena y los autónomos deben estar afiliados a la Seguridad Social, y abonar las cotizaciones mensuales. Se les entregará una cartilla de la Seguridad Social, con la que solicitarán en el Centro de Salud que corresponda a su domicilio, la Tarjeta Sanitaria. Así tendrán derecho a obtener atención médica, farmacéutica y hospitalaria gratuita, excepto dentistas.

15   El sistema permite a los ciudadanos elegir su médico de cabecera. La mayoría de los pacientes consiguen una cita con su médico en un día o dos desde la solicitud. Para consultar a un especialista, los pacientes han de ser remitidos por el médico de cabecera, excepto en caso de urgencia. Desgraciadamente, como en la mayoría de los países europeos, las listas de espera para visitar a los especialistas o para intervenciones voluntarias o no urgentes suelen
20   ser largas.

En caso de urgencia, lo mejor es acudir al servicio de urgencias más cercano, y en caso de necesidad, puede solicitar una ambulancia en el teléfono 112.

Los medicamentos siempre son prescritos por el médico en receta oficial, y el paciente abonará el 40% de su precio. Además las medicinas suelen costar menos que en otros países,
25   debido a la restricción de precios que impone el gobierno.

Las farmacias se turnan para ofrecer un servicio fuera del horario comercial (nocturno y los días de fiesta) como farmacias de guardia. Podrá saber cuál está de guardia mirándolo en el periódico o en la ventana de cualquier farmacia, donde suelen poner una lista.

Los ciudadanos comunitarios que no vayan a ser incluidos en el Régimen de la Seguridad
30   Social, podrán acceder a la asistencia sanitaria durante sus desplazamientos temporales a España, siempre que hayan obtenido en su país la Tarjeta Sanitaria Europea.

Sanidad privada. -Aproximadamente un 15% de la población tiene contratado algún seguro médico privado, como complemento o como alternativa a la sanidad pública. Es posible

35   contratar este seguro con alguna de las muchas compañías o sociedades médicas privadas
     que hay en España. Estas cuentan con sus propias clínicas, consultorios y laboratorios. Los
     precios varían dependiendo de la edad y el sexo del beneficiario. Para hacernos una idea, un
     hombre de 40 años pagaría en torno a los 44€ mensuales, mientras una mujer de la misma
     edad, unos 50€.

European Employment Services (EURES)

http://eures.europa.eu (arículo adaptado)

© European Communities

Notas

| La Tarjeta Sanitaria Europea (31) | La TSE ha sustituido a los anteriores formularios en soporte papel E111, E128, E110 y E119. |

1.   **Antes de leer**

    1.   En tu opinión ¿cuáles son las ventajas y los inconvenientes del Sistema
         Nacional de Salud de tu país?
    2.   A tu manera de ver ¿es mejor el sistema británico o el español?

Explotación del texto

2.   **Resumen**

     Haz un resumen del texto en español en unas 150 palabras.

3.   **Comprensión**

    1.   ¿Cómo se financia y se gestiona el Sistema Nacional de Salud?
    2.   ¿Qué número hay que marcar si se precisa una ambulancia en España?
    3.   ¿Para qué sirve la Tarjeta Sanitaria Europea?
    4.   ¿A qué se refieren los siguientes porcentajes: 90%, 40% y 15%?
    5.   ¿De qué factores depende el precio de la sanidad privada?

4.   **Vocabulario**

a.   *¿Cuál palabra o frase, dentro de cada grupo, no pertenece o no encaja semánticamente?*

    1.   sanidad, salud, higiene, locura, salubridad
    2.   sanitario, saludable, higiénico, salubre, loco
    3.   prestación, suministración, suministro, prevención, provisión
    4.   prever, prestar, proporcionar, suministrar, proveer

b.   *Encuentra las frases del texto que signifiquen lo mismo que:*

    1.   mediante pagos a la Seguridad Social
    2.   departamentos del gobierno de una comunidad autónoma que tratan sobre
         los asuntos de salud

3.   médico que asiste habitualmente a una persona o a una familia
4.   han de ser enviados por el médico familiar o personal
5.   habitantes (no españoles) de la Comunidad Económica Europea

c.   *Explica las siguientes expresiones mediante sinónimos, definiciones de diccionario, ejemplos, etcétera. Procura usar el contexto para deducir el significado.*

1.   **trabajadores por cuenta ajena y los autónomos** (10)
2.   **intervenciones voluntarias** (19)
3.   **el paciente abonará el 40%** (24)
4.   **farmacias de guardia** (27)

5.   **Gramática**

a.   **El registro**

¿Por qué se utiliza la forma formal **usted** *(en vez de tú) en la expresión* **puede solicitar** *(22)?*

b.   **El uso del subjuntivo**

Explica el uso del subjuntivo en **vayan** *(29) y* **hayan** *(31).*

c.   **Ser y estar**

1.   *Analiza las siguientes oraciones del texto y explica el uso de* **ser** *y* **estar** *en tus propias palabras:*

   – La calidad de la asistencia sanitaria en España **es** bastante buena. (4)
   – Todos los trabajadores por cuenta ajena y los autónomos deben **estar** afiliados a la Seguridad Social . . . (10)

2.   *Ahora contrasta los siguientes tres pares de oraciones con* **ser** *y* **estar**.

Ser	**Estar**
Es muy guapa.	**Está** muy guapa.
El pavo **es** riquísimo.	El pavo **está** riquísimo.
El té **es** horrible.	El té **está** horrible.

3.   *¿Puedes traducirlos al inglés? ¿Cuál verbo inglés se puede usar para traducir el primer uso de* **estar***? ¿Y para los dos últimos?*

6.   **Traducción**

Traduce el último párrafo al inglés (32–38).

7. **Análisis y debate**

   Prepárate con un compañero para un debate o para escribir una redacción defendiendo u oponiéndose a una de las siguientes declaraciones:

   1. La salud siempre ha tenido y sigue teniendo primordial importancia en la sociedad.
   2. Ir a España como parte de los estudios universitarios sin haber obtenido previamente la TSE sería totalmente insensato.
   3. En general, la sanidad pública conviene más que la privada.

Sección B: Ejercicios de gramática

1. **Los pronombres relativos: que, cual, quien, cuyo**

a. *Completa las oraciones con los pronombres relativos correspondientes.*
   ¡Cuidado con las preposiciones y los artículos!

   1. La recepcionista, a _____ todo el mundo estima, es griega.
   2. No había nadie con _____ dialogar en el pasillo.
   3. Nuestro médico de cabecera, _____ dedicación ha sido ejemplar, ha sido nombrado director del Sistema Nacional de Salud.
   4. Estos son los compatriotas de _____ tanto les he hablado.
   5. El _____ haya llegado primero que levante la mano.
   6. La directora, _____ informe fue bien recibido, asistió a la cena.
   7. Este es el castillo _____ hicieron el homenaje a los caídos en la batalla de Puebla.
   8. Doctor, lo _____ usted diga será bueno.

b. *Utiliza el pronombre relativo correspondiente para combinar los siguientes pares de oraciones. ¡Cuidado con las preposiciones y los artículos!*

   Ej.: Me han contratado *para el trabajo*. *El trabajo* me gusta mucho.
   El trabajo *para el que* me han contratado me gusta mucho.

   1. Le recetaron un analgésico en el hospital. El hospital está en Bogotá.
   2. A mi madre la atendió un otorrinolaringólogo. El otorrinolaringólogo es cubano.
   3. La vacunaron contra la fiebre del heno. La fiebre del heno lleva varios años molestándola.
   4. El quirófano está enfrente del hospital. Me operaron en el quirófano.
   5. En diciembre te llevé al centro de la Seguridad Social. Ahora lo están renovando.
   6. La recepcionista contestó el teléfono. Me dijo que había una larga lista de espera.

7. El médico redactó el diagnóstico. En el diagnóstico me explicó todo.
8. Los extranjeros tienen propensión especial a la amebiasis en México. Los extranjeros son de origen norteamericano o europeo.

2. **Verbos correspondientes a definiciones**

Expresa con el verbo adecuado las siguientes ideas:
Ej.: ponerse colorado → enrojecer

1. poner en orden	8. ponerse triste	15. volverse mudo
2. perder peso	9. ponerse furioso	16. volverse loco
3. ganar peso	10. ponerse borracho	17. volverse bruto
4. hacerse más fuerte	11. ponerse enfermo	18. volverse ciego
5. ir hacia adelante	12. ponerse deprimido	19. hacerse viejo
6. ir hacia atrás	13. ponerse gordo	20. hacerse más joven
7. ponerse alegre	14. volverse oscuro	21. hacerse rico

3. **Verbos pronominales**

a. *Compara **cubrir** y **cubrirse**:*

– *El estado español **cubre** las necesidades sanitarias de todos sus ciudadanos mediante el SNS.*
– *El enfermó **se cubrió** la boca al toser.*

b. *Ahora explica las diferencias entre todos los siguientes pares de verbos:*

verbo	forma sin pronombre	forma pronominal
cubrir	*Satisfacer las necesidades*	*Taparse la boca*
1. ir		
2. cambiar		
3. desenvolver		
4. despedir		
5. empeñar		
6. gastar		
7. encontrar		
8. marchar		
9. parecer		
10. pasar		

c.   *Escoge tres pares de verbos y forma oraciones para ilustrar su sentido.*

4.   **Presente y pretérito imperfecto (o pasado) del subjuntivo**

Completa las oraciones con el verbo en presente o pasado del subjuntivo.

1.   Intentarán que se (reducir) _____ la lista de espera en los hospitales regiomontanos mexicanos.

2.   El médico de cabecera nos pidió que (dejar) _____ de fumar cuanto antes.

3.   Haz lo que creas pertinente pero consigue que (él) te (escuchar) _____.

4.   Te rogaría que no (fumar) _____ en el comedor.

5.   Les ruego que no (fumar) _____; es por su bien.

6.   ¡Vaya cara! Querían que (yo) les (dar) _____ las respuestas del examen.

7.   Nos recomienda que (leer) _____ bien los papeles antes de firmar.

8.   La huelga de dentistas se alargará indefinidamente. Exigen que el Estado (aprobar) _____ la subida salarial antes de dos bimestres.

9.   Antes de ingresar al quirófano siempre piden que (rellenar) _____ unos formularios con preguntas sobre nuestro historial médico.

10.   Es absolutamente imprescindible que se (atender) _____ a los accidentados con rapidez y profesionalidad.

11.   Mi primo me recomienda que (buscar) _____ una clínica privada.

12.   La verdad es que la mayoría de los especialistas nos recomendaron que (buscar) _____ una clínica privada porque los hospitales públicos están sumamente saturados.

5.   **Giros idiomáticos:** *Cuida tu salud "en cuerpo y alma"*

Traduce al español las siguientes oraciones usando las frases del recuadro según corresponda. Las oraciones 1–5 contienen modismos relacionados con alguna parte del cuerpo y las del 6 al 10 llevan giros para expresar alguna emoción "del alma".

estar desesperado	**valerse por sí misma**	**tener el valor**
costar una fortuna	**sacar de quicio**	**estar muy deprimido**
estar o ponerse furioso	**ponerse loco de contento**	**estar bajo control**
estar dominado por		

1.   Antonio did not *have the heart* to tell his girlfriend that her brother had died in the Peruvian earthquake.

2. The hospital budget *is in hand* – you'll have it next week.

3. Rosario might be in a slightly destructive relationship as her husband often has her *under his thumb*.

4. Mark took out a loan to pay for his expensive holiday. It will take him ages to pay it back and it will cost him *an arm and a leg*.

5. After many visits to the psychiatrist, Carmen decided that she did not need his help anymore and that she could *stand on her own two feet*.

6. Pedro *was over the moon* when he heard the news about his promotion.

7. However, then his wife left him and he *was down in the dumps* for a very long time.

8. He *was hopping mad* when he found out his wife left him for another man.

9. He *saw red* and considered revenge but instead decided to try and save their marriage.

10. Currently, *he's at his wits' end* because after trying everything to solve the problem, nothing has worked so far.

Sección C: Traducción al español

Ham it up

The dry-cured cornerstone of tapas, traditionally produced using the pure air of the Spanish mountains, *Jamón Serrano* literally means "mountain ham". Nothing short of an icon to the Spanish people, like Champagne, it even has its own *Denominación de Origen* to maintain quality.

There are several types, starting with *Jamón Serrano*, made from white pigs raised on normal feed. At the top end is the acorn-fed black Iberian pig. Each beast gets around 12,000 acres of grassy hillsides dotted with oak trees to snuffle around in, producing *Jamón Ibérico de Bellota*. As there are only 600,000 hectares of this pasture in the world, this limits production to around a million hams a year, making it relatively scarce. Legend has it the Romans liked it so much they shipped these

pigs back to Italy, kick-starting *Prosciutto*. In the 16th century, Cervantes, the famed author of *Don Quijote*, reckoned safe passage could be granted for any foreigner carrying ham, which would prove they weren't Jewish or a Moor, and save them from jail.

Preparing the hams hasn't changed much over the time. They are cleaned, covered in salt and stacked for two weeks before being washed and hung for six to eighteen months in *secaderos* (drying sheds). The best hams hail from Jabugo and Cumbres Mayores (in Huelva province, in the south-west corner of Andalucía), Guijuelo in Salamanca, Extremadura, Sierra de Sevilla and Los Pedroches.

Over the centuries, purists have argued that to appreciate the subtlety it is best eaten on its

own, perhaps accompanied by a cold, dry fino sherry. If you are buying a whole leg, get a wooden stand and a proper knife, with a long blade. Carving *jamón* is not as easy as it looks: "The slices should be thin, not too long and include some fat," explains Roger Cortina, who carves for Villanova Food in London.

Nowadays, New Yorkers are clamouring for the stuff, and UK restaurants are increasingly using it. For José Manuel Pizarro, chef and co-owner of *Tapas Brindisa* in London: "The taste evokes childhood memories of my family holidays in *Cádiz*, eating huge bowls of it with the smell of the sea and the backdrop of the mountains."

By Marcus Waring in
Easyjet Inflight Magazine
March 2008, Issue 75

Sección D: Documento sonoro

El sistema de salud en Cuba (6:00)

En el siguiente texto escucharás una conversación entre tres latinoamericanas donde la cubana les cuenta a las colombianas sobre el sistema de salud de su país.

1. **Antes de escuchar**

    1. *Haz una lista de los temas bajo los cuales has oído mencionar a Cuba y coméntalos con tu compañero.*
    2. *Antes de escuchar la conversación ¿podrías emparejar las palabras de las dos columnas para formar expresiones del vocabulario de la salud?*

acceso	intestinales
listas	médica
médico	de espera
operaciones	al médico
atención	menores
parásitos	de familia

2. **Comprueba**

    Escucha la conversación y marca las declaraciones que coincidan con lo que se dice. Corrige las que estén mal.

    1. Hoy en día en Cuba no hay que pagar por una consulta médica.
    2. La gente del campo no tiene acceso al servicio de salud.
    3. El sistema de salud cubano presta un servicio médico y de enfermería eficaz.
    4. Muchos médicos ingleses han ido a Cuba para ayudar a mejorar el sistema.
    5. Los médicos sólo pueden trabajar en los policlínicos.

3. **Extrae información**

a. *Escucha y explica.*

    1. Ventajas que se mencionan sobre los policlínicos.
    2. Problemas del sistema de salud antes de la revolución.
    3. Situación en que se vio Cuba en el momento de la revolución.
    4. Significado de las siguientes cifras: 60%, 80%, 10, 2.
    5. Manera en que Cuba ayuda a otros países latinoamericanos.

b. *Completa la información que falta en el siguiente segmento del texto:*

    El Banco Mundial, por ejemplo, en el _____ observó que
    _____ para Cuba pero _____. La mayoría _____

sufrían de _____ no tenían _____ y mucha de la población _____.

c. ¿Qué significa la siguiente declaración?

– 'las enfermedades no eran un problema para Cuba pero la salud lo era'.

Sección E: Temas orales

1. **Oportunidad para trabajar en Bruselas como traductor e intérprete**

La AETI (Agencia Especializada de Traductores e Intérpretes) ha enviado a uno de sus representantes a tu clase de español como lengua extranjera con el fin de seleccionar a un estudiante para trabajar en Bruselas como traductor e intérprete en temas de la salud. El representante ha diseñado el ejercicio de abajo, en el cual no se permite el uso del diccionario (sino que hay que parafrasear cuando sea necesario), como instrumento de selección y contratación. El estudiante que tenga el mejor desempeño en dicho ejercicio, que se llevará a cabo en parejas (Estudiante A y B) será el ganador y ¡le ofrecerán un contrato por dos años! Por todo esto, es imprescindible que sigan las instrucciones de abajo (1–5) al pie de la letra.

Estudiante A	Estudiante B
1. *Debes **tapar** el Texto B durante **todas** las fases de esta actividad: desde 1 hasta 5.*	1. *Debes **tapar** el Texto A durante **todas** las fases de esta actividad: desde 1 hasta 5.*
2. *Estudia el Texto A (de abajo) con el fin de explicarlo en tus propias palabras en **español**.*	2. *Estudia y explica el Texto B (de abajo) con el fin de explicarlo en tus propias palabras en **español**.*

Texto A ¡**No** se te permite leer el texto de la derecha!	Texto B ¡**No** se te permite leer el texto de la izquierda!
Health check No. 1 to save your life: *Cholesterol* This is a very important screening for any age. Even if you are exercising regularly you need to have a blood test. This is absolutely crucial if you are putting poisons into your body like smoke, or if you are drinking too much. Elevated levels of cholesterol	*Health check No. 2 to save your life:* *Blood pressure* Get this done sooner rather than later. The earlier high blood pressure is diagnosed the easier it is to reverse. Those that are 50 or over will struggle so do not leave it late. High blood pressure will put your system under strain and will age it

narrow your vessels, which can mean vital organs are not getting a sufficient blood supply. The result? Possible heart attacks or strokes.

quicker. A higher than normal pressure can lead to heart disease and strokes. The most susceptible to these are those who have a family history of blood pressure problems. Find out if you do, but even if you do not it is best to get checked.

Estudiante A
3. *Ahora preséntaselo a tu compañero en* **español***. ¡Cuidado con los calcos! Él te hará preguntas si no entiende bien algo.*
4. *Ahora tu compañero tiene que resumirte el texto que le has presentado para ver si lo ha entendido bien.*
5. *Finalmente sigue las instrucciones 3 y 4 del* Estudiante B.

Estudiante B
3. *Ahora, tu compañero va a contarte el contenido de su texto. Escúchalo con atención* **sin** *ver su texto. Hazle preguntas si no entiendes bien algo o si quieres más información. Si te resulta útil, toma notas concisas.*
4. *Ahora resúmele a tu compañero el texto que te ha presentado en* **español** *para ver si lo has entendido bien.*
5. *Finalmente sigue las instrucciones 3 y 4 del* Estudiante A.

2. **Comentario de declaraciones polémicas**

a. *En parejas comenten brevemente el significado de las siguientes seis afirmaciones:*

1. Cambiar de horizontes y de atmósfera es provechoso para la salud.	✓	¿?	X
2. La prohibición del consumo de tabaco en lugares públicos ha sido predominantemente positiva.	✓	¿?	X
3. No hay que cambiar la salud por la riqueza.	✓	¿?	X
4. Normalmente tener animales en casa es malo para la salud.	✓	¿?	X
5. El aburrimiento es una enfermedad cuyo remedio es el trabajo.	✓	¿?	X
6. Es aconsejable una copa de vino tinto al día.	✓	¿?	X

b. Sondeo de opinión

¿Estás de acuerdo (✓), no sabes (¿?), o estás en contra (X) de estas seis premisas? Indícalo marcando con un círculo la opción correspondiente en la tabla de arriba.

c. Puesta en común y respaldo de opiniones

Compara tus opiniones con las de un compañero y mediante un razonamiento claro y convincente respalda tu punto de vista con respecto a cada afirmación.

3. **Debate en parejas**

*En parejas escojan **una** premisa (de las del sondeo de arriba) sobre la que tengan **puntos de vista opuestos**. Desarrollen un debate usando la declaración escogida como punto de partida. Hay que ser diplomáticos y persuasivos.*

*Si les resulta útil pueden usar **los recursos lingüísticos** del recuadro que aparece al final de de la Sección D del Capítulo 2 para estructurar y desarrollar su argumentación.*

4. **Simulaciones: visita al médico**

a. Preparación

En parejas expliquen cómo se siente uno y qué síntomas presenta cuando:

tiene gripe necesita una endodoncia tiene alergia al polen se ha torcido un tobillo	tiene resaca sufre insomnio está deprimido tiene asma	se ha intoxicado con algún alimento sufre una insolación en la playa le ha picado una avispa o un alacrán se ha roto una pierna

Aquí tienen algunas expresiones que les podrían ser útiles:

doler, hacer daño, sentirse mal, tener mareos y náuseas; tener dolor de cabeza, de estómago, de muelas, de oídos, de garganta; tener tos, tener catarro, estar congestionado, estar estreñido, tener diarrea, sentir picores (te / me pica . .), escocer, toser, estornudar, darle a uno vueltas la cabeza, sentir un dolor agudo, estar muy nervioso, tener palpitaciones, sudores fríos, corte de digestión, hinchazón, hipertensión, alergia, estar como un roble, estar en los huesos, tener buen aspecto, estar hecho polvo, encontrarse fatal, tener una resaca bestial, cortarse con . . .
(poner) una inyección, supositorio, pomada, jarabe, agua oxigenada, tiritas (o curitas en América Latina), pinzas, comprimido, la píldora, aerosol, pastillas
¡No aguanto más! ¡No soporto el dolor / el malestar/ la vida! ¡No puedo dormir!

b. ¡Hagan teatro improvisado!

En parejas inventen diálogos y represéntenlos imaginando que están en un consultorio médico. Cada estudiante debe representar el papel del médico en dos de las cuatro situaciones de abajo y el del paciente en las otras dos. ¡Sean dramáticos e improvisen!

Situación 1

Acabas de llegar de una excursión por la montaña. Ha hecho mucho sol y has bebido agua quizás no potable. Te encuentras bastante mal y probablemente el agua o la comida te han hecho daño, así que vas al médico y le explicas cómo te sientes, qué te duele etc. El médico te hará preguntas, te hará algunas recomendaciones y te recetará algo para que mejores. Te pedirá que vuelvas al cabo de un tiempo.

Situación 2

Estás en época de exámenes, durmiendo poco, comiendo mal, muy nervioso y por si fuera poco llevas varios días con un dolor de cabeza horrible que no se te pasa ni con paracetamol ni con aspirinas. No sabes qué hacer así que vas al médico para que te recete algo. Explícale cómo te encuentras etc.

Situación 3

Ya ha llegado el invierno, y con él, virus, catarros, gripe. . . Llevas una semana muy cansado y con malestar general. Crees que es la gripe así que visitas a tu médico de cabecera y le cuentas lo que te pasa. El te hará preguntas y te dará algunos consejos.

Situación 4

La muela te está dando la lata de nuevo, y el dolor ya empieza a ser bastante intenso. No te queda más remedio que ir al dentista, por mucho miedo que te dé. El dentista no es tan 'ogro', cuéntale qué te pasa y él te dirá lo que debes hacer.

CAPÍTULO 9

LA VIVIENDA Y EL TRANSPORTE

Sección A: Textos escritos

1. La vivienda como fuente de ingreso

Al igual que para millones de otros habitantes en asentamientos informales en América latina, la casa humilde de Doña Juanita en un barrio de invasión en Colombia, es mucho más que un sitio para vivir. También es el sitio donde ella se gana la vida.

"Mi hermana y su familia ya estaban viviendo en el barrio de al lado y viví con ellos en la casa que
5 *estaban construyendo. Empecé una escuela en el cuarto de enfrente. . .es que hay muchos niños aquí y no todos pueden ir a las escuelas del estado; simplemente no hay cupo. Cuando empezó la invasión yo me metí, porque necesitaba una casita propia, éramos muchos en la casa de mi hermana. La gente me colaboró e hicieron una pieza para mí. La policía la tumbó, pero después de varios intentos armamos los ranchos de palos y tablas, y en mi ranchito teníamos reuniones. Con mi*
10 *hermana preparábamos comida, café, empanadas, peto. Con estas ventas compré las primeras cuatro láminas de zinc para el techo. Después de cuatro meses empecé la escuela otra vez. Empezamos clases aquí el 6 de febrero. Hoy vinieron sólo 12 alumnos. Pagan una <u>mensualidad</u>, pero los padres siempre piden rebaja y hay muchos que deben."*

Doña Juanita con sus alumnos

El hogar de Doña Juanita

La casa es pequeña. Consiste en una habitación de 4 metros cuadrados construida de
15   bloques con una pequeña área al lado donde ella cocina. Por las mañanas tiene que correr la
cama y sacar los <u>pupitres</u> para los niños. Como para una gran mayoría de los habitantes de
las ciudades del sur del mundo los esfuerzos de Doña Juanita para conseguir y mejorar su
vivienda están íntimamente interrelacionados con sus intentos de generar un ingreso: su
estrategia de supervivencia combina la casa y el empleo.

20   A pesar de que entre la gente no existe una distinción clara entre las actividades domésticas
y las económicas, en muchos países las políticas y programas oficiales asumen una separación
de funciones. Esto se refleja en las normas, <u>reglamentos</u> y en el diseño de programas de
mejoramiento de asentamientos, fomento de micro-empresas y créditos. Existe una gran
variedad de actividades económicas de diferente escala, desde el individuo que trabaja
25   esporádicamente hasta pequeñas industrias con empleados. Unas actividades se llevan a cabo
durante todo el año, otras dependen de la época climática o la agenda cultural. Hay cinco
grupos básicos de micro empresas domésticas:

    1. Ventas: tiendas de productos de consumo diario, bares, cafés, etc.
    2. Producción de artículos para vender: ropa, zapatos, componentes electrónicos.
30   3. Servicios: reparaciones, salones de belleza, dentistas, teléfonos, fotocopias, etc.
    4. Actividades con carácter social: escuelas, hogares infantiles, centros de salud.
    5. Actividades en los espacios abiertos: <u>crianza</u> de animales, <u>cultivo</u> de plantas.

En Cochabamba, Bolivia, Isidoro Chambi fabrica ropa y ha logrado ir construyendo poco a
poco para obtener más espacio:

35   *"Antes teníamos un sólo <u>taller</u>, ahí mismo era, . . .la cocina, ahí mismo también era el dormitorio, . . .*
era aburrido pues, no se puede uno tranquilizar para trabajar. Trabajábamos, a veces los pequeños
levantaban una cosa, otra cosa; nuestra idea siempre era que un taller tiene que ser separado."

La combinación de actividades domésticas y productivas en el mismo espacio puede llevar a
conflictos entre los miembros de la familia o entre vecinos. En todas partes la gente expresa
40   el deseo general de separar las actividades por medio del espacio, aunque los medios para
hacerlo varían bastante: ampliación y mejora de la vivienda, reconfiguración del espacio
por medio de la reorganización de los muebles y equipamiento todos los días y utilización
del espacio afuera de la casa.

Además, existen otros problemas: unas micro empresas generan sustancias desagradables o
45   peligrosas; otras generan humo o ruido. También hay residuos y desechos, pero en muchos
asentamientos informales el reciclaje de desechos disminuye este problema. A pesar de los
problemas podemos concluir que de las micro empresas domésticas se derivan una serie de
impactos positivos tanto a nivel nacional como a nivel de asentamiento:

Reducción de la pobreza: para muchos hogares, sobre todo los más pobres, las actividades
50   económicas en la casa proveen el sustento fundamental para su supervivencia.

Creación de empleo: estas actividades pueden crear oportunidades de empleo. Esto es especialmente significativo para las mujeres con responsabilidades domésticas que limitan sus posibilidades de trabajo fuera del hogar.

Mejora de la vivienda: hay una relación directa entre el ingreso y las condiciones de vida: las
55 familias con mejores ingresos tienen mayor capacidad de mejorar sus viviendas. Las familias con micro empresas tienen más espacio construido comparado con sus vecinos.

Mejora en el asentamiento y vecindario: las actividades económicas en la casa pueden tener impactos positivos en la comunidad con el aumento de ingresos, el fortalecimiento de la economía local y los vínculos sociales entre la gente.

60 *Contribución a la economía nacional:* aunque la mayoría de las microempresas domésticas son de una escala modesta, dado su número tan elevado, su impacto y contribución total son indudablemente grandes. Sin embargo, las estadísticas oficiales pocas veces reconocen la contribución del sector informal.

Actualmente la fuerte tendencia neo-liberal de re-estructuración económica y las recientes
65 crisis económicas tienen un impacto devastador entre la población urbana de bajos ingresos. Es probable que vayamos a encontrar estrategias de supervivencia cada vez más innovadoras que incluyan un incremento de actividades productivas en zonas residenciales. Hay ciertos factores clave para desencadenar el potencial de la generación de ingresos: la accesibilidad de crédito, los sistemas de ahorro y las redes de infraestructura. Además donde las
70 autoridades muestran flexibilidad y creatividad en la aplicación de los reglamentos y en la implementación de programas de mejoramiento, las condiciones de vida pueden mejorar con poca inversión. El reto es documentar y difundir prácticas positivas con un énfasis en cómo se pueden facilitar y maximizar los esfuerzos propios de la gente.

Dr. Peter Kellett,
School of Architecture, Planning and Landscape, Newcastle University

Notas

1. **asentamiento informal** (1)   Población/barrio que no se acoge a la reglamentación de la ciudad, y por tanto muchas veces carece de infraestructura o legalidad y donde la gente construye sus propias viviendas.

2. **barrio de invasión** (2)   Término usado en Colombia para referirse a los asentamientos informales donde la gente ocupa el terreno sin permiso del dueño.

3. **no hay cupo** (6)   Expresión del español americano que en el español peninsular sería 'no hay cabida'.

4. **rancho** (9)   Casucha hecha con materiales de desecho (chabola en España).

5.   **empanada** (10)   Masa rellena de carne, pescado, o verdura, cocida en el
                                 horno o freída en aceite.

6.   **peto** (10)   Bebida hecha de maíz.

7.   **láminas de zinc** (11)   Material metálico utilizado en la construcción de los
                                 techos de las viviendas.

8.   **bloques** (15)   Bloques de concreto para la construcción de paredes.

9.   **sector informal** (63)   Sector de la economía que funciona afuera de la
                                 reglamentación oficial.

1.   **Antes de leer**

     *Piensa sobre lo que sabes de América latina, especialmente de sus ciudades grandes y escribe
     las primeras ideas que se te ocurran.*

Explotación del texto

2.   **Prepárate**

     *Las siguientes son expresiones referentes a necesidades básicas de toda persona usadas en el
     texto. Explica su significado con tus propias palabras.*

     - **ganarse la vida**
     - **el sustento**
     - **la supervivencia**

3.   **Vocabulario**

a.   *Explica cuál es el significado correcto según el contexto de las siguientes expresiones:*

     1.   La policía la **tumbó** (8)

          i.   los agentes de policía derribaron la casita
          ii.   hicieron caer a la señora
          iii. engañaron a la señora

     2.   Hay muchos que **deben** (13)

          i.   los alumnos tienen muchos deberes
          ii.   los padres tienen muchas obligaciones
          iii. los padres tienen una deuda con la señora

b.   *Busca entre las palabras subrayadas del texto la que corresponda a cada una de las
     siguientes definiciones:*

     1.   Mueble de madera que sirve para escribir.
     2.   Barrio / conjunto de personas de un sector.

3. Alimentar y cuidar.
4. Sembrar y cuidar el desarrollo de lo que se planta.
5. Cantidad que se paga cada mes por un servicio recibido.
6. Colección de órdenes y reglas que rigen una cosa.
7. Lugar en el que trabajan obreros, artistas.

4. **Comprensión**

1. ¿Qué quiere decir el autor al referirse a la casa de Doña Juanita como "el sitio donde ella se gana la vida"?
2. Explica con tus palabras la historia de Doña Juanita.
3. Enumera diferentes tipos de actividades para generar ingreso que utiliza la gente en los barrios de invasión.
4. ¿De qué factores depende la variedad de actividades económicas?
5. ¿De qué formas logra la gente acomodar las diferentes actividades en su casa?
6. ¿Qué actividad típica de este tipo de asentamiento, alivia alguno de los problemas generados por las pequeñas empresas?
7. ¿Qué factores crean un clima favorable para la generación de ingresos?

5. **Gramática**

1. *Proporciona expresiones equivalentes a las siguientes sacadas del texto:*

   Al igual que
   A pesar de que
   Además

2. **ir construyendo** (33)
   El gerundio en español se usa con ciertos verbos para expresar una acción que no ha acabado, está desarrollándose o se repite.
   Escribe 3 frases con el gerundio usando diferentes verbos (sin incluir el verbo 'estar').

6. **Tus opiniones**

1. ¿Cuál es tu postura respecto a la invasión de tierras en las circunstancias a las que se refiere el artículo?
2. ¿Cuál de los impactos positivos derivados de los asentamientos informales es el más importante? ¿Por qué?
3. Escribe una redacción sobre la responsabilidad de los gobiernos en solucionar el problema de la falta de vivienda (máximo de 300 palabras).

2. Anécdotas de vuelo

Ser azafata, auxiliar de vuelo, tripulante, sobrecargo o como quieran llamarle, no es fácil. Estas mujeres deben lidiar con pasajeros -desde la más tierna guagua hasta un anciano de 90 años- bandejas, pilotos y copilotos, sobrecargados hormonalmente, tripulantes envidiosos, y los clásicos fumadores que no entienden en ningún idioma que, arriba del avión,
5   NO se puede fumar.

Una cosa es disfrutar de un vuelo agradable, a tiempo y sin novedades y otra muy distinta es hacer de éste un calvario, sobre todo, si van más de 200 personas en el mismo avión. Por ello hemos reunido a un grupo de colegas que nos contaron sus "anécdotas en el aire". Todo lo que se contará a continuación es verídico y ha sucedido -y probablemente seguirá
10   sucediendo- en vuelos de aerolíneas nacionales.

¡¡¡Por favor no se los saque!!!
Sin duda que lo más terrible de un vuelo, son las noches ya que es la hora donde, por lo general, la gente duerme, y si no puede hacerlo, un buen libro o una película ayudan en algo a pasar el viaje. Sin embargo, este plácido ambiente se termina cuando algún pasajero,
15   buscando mayor comodidad o por darle un descanso a sus pies, opta por sacarse los zapatos.

Y aunque bien conocido es el dicho de que el cliente siempre tiene la razón, esta premisa se aplica, siempre y cuando, sus voluntades no afecten a terceros. Pero si por esas cosas de la vida el pasajero es algo "porfiado" y no entiende que la falta de zapatos está afectando no sólo a sus compañeros de vuelo sino también a toda la tripulación, el tema cambia
20   notablemente.

Así lo comenta una de nuestras entrevistadas quien señala "por más que le pedían que se pusiera los zapatos, o al menos unas pantuflas, él se negaba, porque decía que necesitaba estar cómodo y que, por lo demás, no sentía ningún olor. Obviamente, los pasajeros reclamaban enojados, y más de uno hizo un informe, pero la situación no pasó a mayores".

25   **Un traguito más por favor**
Y si volar es una experiencia extraña para muchos, más aún lo es emborracharse arriba de un avión. Sin embargo, esta situación es bastante más normal de lo que se pudiera llegar a creer. Funcionarias de líneas aéreas así lo comentan. "Aprietan el botón una y otra vez –nexo que une a los pasajeros con los tripulantes- pidiendo otro trago cuando ya les hemos servido
30   más de un par. Y aunque podemos llegar a servir hasta tres tragos a los adultos, en ocasiones, esa cuenta no es necesaria para algunos", comenta otra funcionaria.

Y a continuación añade "los más buenos para tomar son los europeos, ingleses y alemanes -en su mayoría- y los chilenos. Aunque la diferencia está en que mientras el europeo toma porque quiere, el chileno toma porque está arriba del avión, y por eso tienen que darle".

35   La entrevistada comenta que si bien arriba del avión existe una variedad de tragos para darles a los pasajeros "esto no es bar abierto, cosa que muchos creen ciegamente". El

problema, aseguran, es que ante la negativa los usuarios ya no usan el tono formal ni amable de un principio sino que se ponen un poco más insolentes.

40 "Lo peor ocurre cuando estos pasajeros no sólo quieren más alcohol, sino que además, no hablan español y empiezan a usar su lengua nativa de manera coloquial. Y aunque uno no hable otro idioma, se nota claramente la diferencia de cuando a alguien lo están garabateando o diciendo gracias", sentencia una aeromoza. Y aunque usualmente consiguen su objetivo, es decir, toman y se duermen, lo cierto es que después de varias copas no sólo lo hacen en sus asientos. "Un buen baño, pasillo o el cómodo espacio debajo de los asientos de 45 otra fila son el mejor lugar", sentencia.

El placer de descansar durante el vuelo

Por lo general, los vuelos son tranquilos, sin sobresaltos ni emergencias de ningún tipo, pero hay veces en que no todo sale perfecto, ni para las azafatas ni para los pasajeros. Porque que un pasajero duerma durante el vuelo, es normal, pero de ahí a que lo haga todo el viaje, es 50 inusual. Sobre todo, si no despierta ante la comida ni los aperitivos. Una señal de que algo no anda bien.

Es más, todo anda mal si cuando el avión aterriza todos los pasajeros bajan menos Lázaro. No es lo más común que una persona muera en pleno vuelo, sin embargo, fue una de las experiencias que le tocó vivir a una de las entrevistadas. Cargaron todo el vuelo con un 55 muerto, claro, el difunto sin querer molestar al resto y como una señal de la tranquilidad en la que se fue a otra vida no hizo ni un solo ruido, casi consciente de que no era lugar para dejar de existir.

Como vemos el trabajo de azafata no es sólo despegar, servir y aterrizar. También tiene un lado insospechado, donde cada travesía puede traer más de una sorpresa. Como encontrar 60 ratones en los compartimientos donde se lleva la comida, o escuchar durante todo el vuelo los aullidos y lamentos de un pequeño perro encerrado en su jaula en el compartimiento de carga, para espanto de los pasajeros.

Andrés Fraser en www.chile.com

Notas

1. **arriba del avión** (4) Se trata de una preposición usada en algunos países latinoamericanos. Alternativamente existe la opción *en el avión,* muy usada especialmente en España.

2. **no se los saque** (11) De nuevo, el verbo que se usaría en España es *no se los quite.*

3. **compartimiento** (60) Existen ambas posibilidades: *compartimiento* o *compartimento,* prefiriéndose en ciertos contextos la segunda.

1. **Antes de leer**

    1.   ¿Te gusta viajar? Cuenta dónde has estado y en qué medios de transporte te desplazaste para llegar allí.

    2.   ¿Has tenido alguna vez un viaje accidentado? ¿Tienes alguna anécdota sobre algún compañero de viaje molesto u otras peripecias?

2. **Prepárate**

    El texto que tratamos aquí está escrito por un chileno y relata las situaciones con las que se encuentran los profesionales del transporte aéreo. Como vas a encontrar algunas palabras y expresiones típicamente chilenas/hispanoamericanas, a continuación te damos el equivalente en el español de España. Sólo tienes que elegir la que creas correcta.

guagua	**tragos**	**garabatear**
a) bebé	a) botellas	a) reclamar
b) adolescente	b) aperitivos	b) insultar
c) niño	c) copas	c) gritar

    los más buenos para tomar
    a) los que se controlan más cuando beben
    b) los que beben con más intensidad
    c) los que beben sin que les afecte

    gracias
    a) chistes
    b) piropos
    c) tonterías

Explotación del texto

3. **Comprensión**

    a.   *Lee el texto e indica en qué líneas se mencionan estas ideas, si es que se mencionan.*

    1.   Beber en exceso es una práctica que ocurre con frecuencia.

    2.   Los viajeros piensan muchas veces que en el avión no existe límite en la venta de alcohol.

    3.   Normalmente los pasajeros suelen dormir de principio a fin del viaje.

    4.   A veces las personas se descalzan en un avión para estar más cómodos.

    5.   Siempre hay que darle gusto al pasajero aunque haya conflictos.

    6.   Cuando las azafatas no quieren servir más alcohol los clientes se enfadan.

    7.   La persona fallecida se mantuvo silencioso todo el vuelo por cortesía.

    b.   *Haz una lista con tus propias palabras de los problemas a los que se enfrentan las azafatas chilenas según el texto.*

4. **Vocabulario aeronáutico**

a. *Vamos a recopilar todas las palabras relacionadas con el transporte aéreo que aparecen en el documento. Agrúpalas en las siguientes categorías:*

Profesiones	Verbos	Partes del avión
azafata		

b. *Añade las que tú conozcas. Ya has visto que el autor utiliza muchos sinónimos para no repetir términos. Intenta usar esta técnica cuando escribas.*

5. **Palabras complejas**

Completa las frases con los siguientes términos (en su forma correcta) extraídos del texto:

calvario, verídico, plácido, porfiado, pantuflas, sobresalto, travesía

1. No seas tan _____ y hazme caso, tómate unas vacaciones.
2. Durante la _____ en barco fuimos recalando en muchas islas.
3. La historia que te cuento es totalmente _____; puedes creerme.
4. Cuando llega a casa, lo primero que busca son sus _____.
5. Una _____ mañana de abril nos conocimos.
6. Nuestra vida en común fue un _____, por eso nos divorciamos.
7. El robo de la cámara nos produjo un _____.

6. **Eufemismos**

*La palabra **difunto** es lo que llamamos un eufemismo; una palabra que usamos en lugar de otra para ser más suaves o menos bruscos. Hay que aprender a usarlas según el contexto. A continuación te ofrecemos una lista de eufemismos hispanos (A) y su significado (B). Intenta relacionar las dos columnas:*

(A)	(B)
1. ebrio	a. muerto
2. dar a luz	b. ciego
3. hospital psiquiátrico	c. inválido
4. fallecer/pasar a mejor vida	d. parir
5. invidente	e. morir
6. disminuido físico	f. borracho
7. preso	g. retrasado
8. disminuido mental	h. manicomio
9. difunto	i. interno

7.   **Práctica escrita**

Escribe una carta a un periódico quejándote de los servicios que ofrecen hoy en día las compañías aéreas. El texto que has leído te puede dar algunas ideas pero piensa también en las normativas de seguridad que suelen imponerse en los aviones. Por ejemplo, ¿te parece justa o injusta la prohibición de líquidos en el equipaje de mano?

3.   Alquiler de vivienda en España

Si durante la estancia en España se quiere alquilar un piso, lo más aconsejable será que se consulten las secciones dedicadas a vivienda de todos los periódicos. También se puede acudir a una agencia inmobiliaria, en Internet o en las páginas amarillas de la guía telefónica se pueden consultar las agencias inmobiliarias. Mientras se esté buscando alojamiento, la

5   persona o personas interesadas pueden dirigirse a una Oficina de Turismo, que puede facilitar una relación de los alojamientos disponibles por temporada. Algunas Comunidades autónomas, en colaboración con el Instituto de la Juventud, disponen de un servicio de Bolsa de Vivienda Joven en Alquiler a precios inferiores a los del mercado destinado a jóvenes de 18 a 35 años.

10   Para alquilar una vivienda en el mercado general, es necesario establecer un contrato de arrendamiento con el propietario. Si bien es válido y legal celebrarlo de palabra, siempre es aconsejable hacerlo por escrito, y en este caso, deben constar en él la identidad del propietario y la del inquilino, una descripción de la vivienda, la duración del contrato, la renta y otras cláusulas que se consideren convenientes. En principio, inquilino y propietario

15   pueden establecer libremente la duración del contrato. Si se celebra por menos de 5 años, se irá prorrogando anualmente hasta alcanzar esta duración, salvo que el inquilino manifieste al propietario (con al menos 30 días de antelación a la fecha de extinción), que no tiene la intención de continuar en la vivienda alquilada. Si no se fija la duración en el contrato, este se considera celebrado por un año, y prorrogable por iguales periodos hasta el máximo de 5

20   años. En el momento de la celebración del contrato, el inquilino está obligado a entregar al propietario una fianza en metálico equivalente a una o dos mensualidades. La renta, la cantidad que el inquilino abona al arrendador por el alquiler de la vivienda, se pacta libremente por ambas partes. El pago es mensual y se actualizará conforme al Índice de Precios al Consumo (IPC).

25   El coste del alquiler de vivienda en España varía de una ciudad a otra y es difícil generalizar. Sin embargo, se puede establecer que los alquileres son más caros en las principales ciudades: Madrid, Barcelona, Bilbao, Vitoria y San Sebastián. Además, vivir en el centro de una de las ciudades principales, siempre resultará más caro que en los barrios o ciudades de alrededor, normalmente muy bien conectados por trenes o por autobús, que fácilmente

30   realizan el traslado en no más de 30 minutos hasta el centro de la ciudad. Tomando en cuenta todo lo anterior y aunque el coste está sujeto a variaciones conforme al IPC (ver sitio EURES), para hacernos una idea, el precio del alquiler de un apartamento de una habitación

se encuentra entre 400 y 600 euros. Si el piso es de dos habitaciones, la cifra se puede estimar entre 500 y 900 euros. Alquilar una habitación sencilla puede costar entre 180 y 270
35 euros mensuales, sin contar los gastos relacionados con el pago proporcional de servicios de luz, agua, gas y teléfono, que se suelen pagar bimestralmente.

European Employment Services (EURES)
http://eures.europa.eu (artículo adaptado)

1. **Antes de leer**

   1. Si tuvieras que ir al extranjero para estudiar español ¿cuál sería el tipo de vivienda que te gustaría tener: casa, piso u hostal?
   2. ¿Cuáles crees que serían las ventajas y las desventajas de ese tipo de vivienda?

Explotación del texto

2. **Comprensión**

   Contesta las siguientes preguntas:

   1. ¿Cuánto puede costar el alquiler de un piso de dos habitaciones? ¿Y el de una habitación sencilla?
   2. ¿La renta es siempre fija?
   3. ¿Cuáles son los factores que determinan el precio de los alquileres?
   4. Aparte del pago de la renta ¿a cuáles otros gastos está sujeto el inquilino?
   5. ¿De qué manera puede ser útil una Oficina de Turismo?

3. **Vocabulario**

   a. *Explica las siguientes palabras y frases en* **negrita** *en tus propias palabras:*

      1. "Si bien es válido y legal **celebrarlo** de palabra. . ." (11)
      2. "el inquilino está obligado a entregar al propietario **una fianza en metálico** equivalente a una o dos mensualidades." (20–21)
      3. "El pago es mensual y se **actualizará** conforme al **IPC**..." (23–24)

   b. *Traduce las siguientes expresiones usando el texto como punto de partida:*

1. tenancy agreement (or "lease")	**2.** property owner
3. tenant	**4.** estate agency
5. to verbally agree a tenancy agreement	**6.** Consumer Price Index (CPI)

c.   *Relaciona ambas columnas insertando cada letra en el paréntesis correcto.*

1. inquilino ( )	a. Continuar, dilatar, extender algo por un tiempo determinado.
2. contrato de arrendamiento ( )	b. Cuando algo caduca.
3. inmobiliaria ( )	c. Persona que ha tomado una casa o parte de ella en alquiler para habitarla.
4. bimestralmente ( )	d. Aquel por el cual una persona se obliga a ejecutar una obra o prestar un servicio a otro mediante cierto precio.
5. fecha de expiración ( )	e. Que sucede o se repite cada dos meses.
6. prorrogar ( )	f. Empresa o sociedad que se dedica a construir, arrendar, vender y administrar viviendas.

d.   *Construye una oración con cinco de las expresiones de arriba para indicar su sentido.*

4.   **Resumen**

Haz un resumen en español del texto en unas 150 palabras.

5.   **Análisis y debate**

Prepárate con un compañero para un debate o para escribir una redacción defendiendo u oponiéndose a una de las siguientes declaraciones.

1.   Con respecto al alojamiento durante la estancia en el extranjero es muy aplicable el proverbio *"Al que madruga Dios lo ayuda"*.
2.   El tipo de alojamiento puede determinar el éxito o el fracaso durante la estancia en el extranjero.
3.   Las ventajas de vivir con una familia de habla hispana superan con creces las posibles desventajas que pudieran presentarse.

Sección B: Ejercicios de gramática

1.   **Por y para**

Completa los espacios con la palabra adecuada.

1.   Pagué _____ el billete de ida y vuelta doscientos euros.
2.   Hicieron las viviendas exclusivamente _____ los más desfavorecidos. Sólo ellos podían usarlas.

3. Si me lo pides lo haré _____ ti, porque te aprecio mucho.
4. Viví en Buenos Aires _____ un año.
5. _____ el viaje que haremos mañana no necesitamos maletas.
6. Llegaremos una semana antes _____ buscar alojamiento.
7. He viajado _____ todo el país y esta es la región que más me ha gustado.
8. _____ mí eso es una estupidez.
9. Por favor, no os molestéis _____ mí.
10. _____ lo que veo ya habéis empezado.
11. El comité votó _____ el proyecto más beneficioso _____ la comunidad.
12. Quédate con su chaqueta _____ si lo ves mañana.
13. _____ poder vivir en esa casa hacen falta reparaciones.

2. **La preposición a**

*Indica en qué contextos puede aparecer **a** en las siguientes frases. En algunos casos puede haber más de una respuesta.*

1. Nunca pude conocer . . .
   a. gente nueva.   b. mis padres.   c. la ciudad donde vivo
2. Ayer vi . . .
   a. tu primo en la calle.   b. un cometa.   c. alguien que se parecía a ti.
3. Mis amigos y yo llevaremos . . .
   a. todos en el coche.   b. la comida.   c. tu padre al hospital.
4. Busca . . .
   a. una sustituta para Luisa.   b. Luisa.   c. el culpable.
5. Antonio no quiere . . .
   a. Rocío.   b. un hijo.   c. nadie.
6. Tienen . . .
   a. dos perros.   b. mucha familia.   c. la abuela en una residencia.
7. La epidemia mató . . .
   a. doscientas personas.   b. su mujer.   c. las esperanzas de un pueblo.
8. Juan recibió . . .
   a. dos disparos.   b. el mensajero.   c. todo el que quiso visitarle.
9. Se propusieron ayudar . . .
   a. los necesitados.   b. María.   c. los animales enfermos.
10. El jefe aconseja . . .
    a. unas vacaciones.   b. sus empleados.   c. muchos clientes.

3.   **El imperativo**

a.   *Completa la siguiente tabla con los verbos que faltan:*

	tú	vosotros	ustedes
levantarse			
vigilar	*vigila*		
empezar			
sentarse			
no venir			
no sentirse			
no soñar			
no creer			

b.   *Ahora inventa y escribe un par de diálogos en los que uses el imperativo partiendo de las siguientes situaciones. Recuerda que para expresar mandatos/sugerencias también puedes utilizar las expresiones de obligación que vimos en el capítulo 6. Con un compañero, apréndete el diálogo y representadlo en clase.*

   – Un hijo y su madre en un supermercado.
   – Un profesor y sus alumnos antes de un examen.
   – Un policía que llega a terminar con una fiesta ruidosa.
   – Un médico y su paciente en la consulta.

4.   **Indefinidos**

   Transforma las siguientes frases a la forma negativa:

   1. No He comprado ~~algunos~~ ningunos periódicos para buscar vivienda.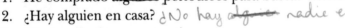
   2. ¿Hay alguien en casa? ¿No hay ~~algui~~ nadie en casa?
   3. Haré cualquier cosa por ti.
   4. Todos son perfectos.
   5. Hay alguien en esta habitación que habla alemán.
   6. Marta le dio algunas explicaciones pero él sospechó algo.
   7. Yo siempre me he portado bien con todos los caseros.
   8. Faltan algunos alumnos hoy en clase.
   9. Pregúntale a cualquier policía la dirección.
   10. Mucha gente me dijo que había visto a alguien con esa descripción.

Sección C: Traducción al español

Hot and cold in the **tropics: fieldwork** experiences from the **Caribbean**

Have you ever wondered what is it like doing ethnographic fieldwork whilst living in a squatter settlement on the Caribbean coast? Here is an extract from my fieldnotes.

It is not just my head, but my body which is in the field. This is a very physical, sensual roller coaster experience for all parts of the body, and my senses are working overtime. Most obvious are the high temperatures and tropical humidity. I am hot all day and most of the night too, often with sweat running down my chest.

I visit many houses to do interviews and as an honoured guest people make every effort to make me feel comfortable. Firstly I am offered the best seat and a cup of fresh sweet coffee, and then they bring a portable fan (imported from China) and aim it straight at me. Coming from a cold country with lots of snow and ice (they have heard) people assume I just love the cold. They know I will appreciate the aggressive (and noisy) sensation of the fan at top speed which sucks the moisture and heat out of me, leaving me feeling skinless. It is not a pleasant sensation. A gentle breeze is welcome, and a fan at low speeds can replicate this, but many dwellings are not designed to channel the natural breezes (ironically it was very windy this afternoon). I suppose temperature is interpreted largely through the skin, but the head can ache when over-heated, or cooled too quickly (like ice cream in a warm mouth on a cold day).

This is not a quiet place. Life is lived to an almost continual sound track, a collage of mechanical, human and natural sounds in endless combinations and varying volumes. In the early morning a chorus of birds announces the dawn; motorbikes, cars and *busetas* can be heard from the main street and the sounds build up as more people awake: shouts, music, street sellers calling out, cockerels (who sing at all hours perhaps anticipating the cock-fights at the weekend), sound systems, televisions, fans, radios, arguments, telephones and shouted conversations, children's games, babies crying, dogs barking, birds singing, the wind in the tall trees, the cicadas at sunset and the frogs after the rains. Even the night brings the high-pitched *sforzando* buzz of mosquitoes. Silence is a precious commodity whose value has not yet been appreciated by the people here.

Virtually every house has fruit trees in the back garden. Large trees with dark leaves, laden with plump orangey-red mangos or heavy with cumbersome *guanábanas*. Banana trees are common and there are a few tall coconut palms. Street sellers bring fresh fish from the port and large plantains from the market. As you can imagine, the tastes and smells of food and cooking are rich, exotic and mouth-watering. But that's another story.

Dr. Peter Kellett
School of Architecture,
Planning and Landscape
Newcastle University

Sección D: Documento sonoro

El programa de alquiler (07:55)

Vas a escuchar una conversación entre una pareja que busca vivienda y una funcionaria que les explica varias opciones disponibles.

1. **Antes de escuchar**

   Señala en la lista de qué crees que se va a hablar, después comprueba.

Los préstamos bancarios.	Alquiler de habitaciones.
Los anuncios en el periódico.	Ayuda de familiares.
El precio del alojamiento.	Documentos.
Los sueldos.	Malas experiencias anteriores.
Compartir el piso con otros.	Las calidades del piso.
Los propietarios.	Tipos de arrendamiento.
La situación política del país.	El estado del sector de la construcción.

2. **Vocabulario de la economía**

   1. *De la siguiente lista de términos que aparecen en la conversación subraya las palabras que pertenezcan al mundo financiero:*

Hacer frente a los pagos	Papeleo	Amueblar
Morosos	Depósito	Entrada
Hipoteca	Garantía	Comunidad
Nóminas	Afrontar	Apuntarse
Acogerse al programa	Aval	Urbanización
Declaración de la renta	Mensualidad	Subalquilar

   2. *Ahora intenta explicar por el contexto de la conversación lo que significan y si sigues teniendo dudas utiliza un diccionario.*

3. **¿Has comprendido?**

   a. *Elige la opción correcta*

   1. La pareja que acude a la oficina no puede comprarse un piso porque. . .
      a. el banco no les deja
      b. las viviendas exigen garantías.
      c. esperan un aumento de sueldo.

   2. El que pida el dinero al ayuntamiento de Málaga. . .
      a. puede ser cualquiera de los dos.
      b. debe tener menos de 30 años.
      c. debería ser joven.

   3. Los propietarios que ofrece el ayuntamiento a los jóvenes. . .
      a. tienen que alquilar durante dos años.
      b. pueden alquilar durante dos años.
      c. esperan alquilar durante dos años.

4. Si los jóvenes encuentran un piso que les guste pero no está dentro del esquema del ayuntamiento. . .
   a. pueden convencer al dueño para que siga el programa de ayudas.
   b. tienen que producir ellos mucha documentación.
   c. no es muy recomendable porque el propietario no suele fiarse.

5. Si las ayudas del gobierno llegaran con retraso. . .
   a. la pareja puede reclamar.
   b. la pareja tendría que esperar al menos tres meses.
   c. la pareja cobraría todo lo que se les debe al mismo tiempo.

b. *¿A qué corresponden estas cifras?*

200	825
750	600
500	

c. *¿Qué requisitos se necesitan para acceder a las ayudas del gobierno?*

d. *¿Cómo es el primer pago que debe hacer la pareja?*

e. *Anota las ventajas y los inconvenientes del programa "Renta por vida"*

Ventajas	Inconvenientes

Sección E: Temas orales

1. **Contestar a un anuncio**

a. *Una de las maneras de encontrar alojamiento es a través de los periódicos que ponen anuncios por palabras. Nosotros te vamos a ofrecer unos anuncios para que trabajes con ellos y tú tienes que prepararte para llamar por teléfono a la persona que ha puesto el anuncio para pedir información.*

> Se alquila bonito apartamento amueblado, a estudiantes, en la zona de Teatinos, con balcón exterior. Tfno. 952263518

> Alquilo piso para estudiantes con todas las comodidades, hasta julio solamente, en la zona centro. Tfno. 952278406

> Alquilo estudio para un estudiante responsable. 5ª planta, muy soleado y cerca del centro. Tfno. 952426891

Con tus compañeros, piensa qué expresiones pueden ser útiles a la hora de hablar por teléfono: cómo se saluda, qué se dice normalmente al descolgar, cómo explicar el motivo de tu llamada, cómo despedirse. . . etc.

Por ejemplo, ¿sabrías decir el significado de estas expresiones?

está comunicando	¿puedo dejar un recado . . .?
le paso la llamada	¿quieres dejarle algún recado?
¿oiga?	¿dígame?
conferencia a cobro revertido	no dar señal
oírse mal/lejos	

b. *Y ahora, haced las siguientes actividades por parejas con uno de los anuncios que tenéis arriba.*

Estudiante A: Propietario

Has puesto un anuncio en el periódico local para alquilar una habitación a estudiantes. Una persona interesada llama por teléfono:

– Contesta al teléfono.
– Infórmale sobre los detalles que te pide.
– El precio incluye los gastos de comunidad de vecinos pero el gas, la electricidad y el teléfono no van incluidos.
– El estudiante quiere ver el piso. Ponte de acuerdo con él.

Estudiante B: Estudiante

Eres un estudiante que quiere alquilar una habitación en un piso compartido. Has visto un anuncio en el periódico y te interesa. Llamas por teléfono al propietario:

– Saluda y explica por qué llamas.

– Quieres saber más detalles, p.ej: cuántos estudiantes comparten la casa, en qué piso está, si hay TV, lavadora...

– Pregunta si el precio incluye los gastos de comunidad de vecinos, el gas o la electricidad.

– Ponte de acuerdo con el propietario para ver el piso.

c. *Ahora podéis intercambiar los papeles (el que representaba al propietario es ahora el estudiante y viceversa) y practicar de nuevo otra conversación telefónica.*

d. *Por último, volved a escoger otro anuncio. Ahora se trata de que dejéis un **mensaje en un contestador automático.***

e. *Después de haber concertado una hora con el propietario, vais a visitar el piso. Inventad un posible diálogo entre vosotros y el propietario. Aquí tienes algunas expresiones más que también pueden ser útiles:*

piso soleado	cobrar un mes por adelantado
gastos de comunidad	presidente de la comunidad
está carísimo	está bien de precio
estar por las nubes	estar bien situado/ser céntrico
calefacción y agua caliente	lavadora/secadora/cuarto de baño

2. Compartir un piso

Ahora se trata de encontrar un buen compañero de piso. Elabora una lista con las cualidades que debe tener el compañero de piso ideal. Piensa también en tus experiencias hasta ahora. ¿Qué cosas no soportarías si tuvieras que compartir tu vida con alguien? Cuando todos estéis listos, poneos de pie y conversad unos con otros compartiendo vuestros puntos de vista sobre ese compañero ideal. El objetivo es encontrar personas que tengan las mismas ideas que tú para compartir un piso. Cuanto más grande sea el grupo mejor.

3. Viajar es un placer

En grupos de cinco imaginad que estáis haciendo un viaje (en avión, en tren, en barco, en autobús. . .). Repartíos los papeles que cada uno de vosotros va a representar, por ejemplo, en un avión tiene que haber azafatas, viajeros, piloto, etc. Después preparad la situación y lo que cada uno va a decir. Se trata de hacer una representación corta para que el resto de la clase tenga que adivinar los papeles de cada uno y el medio de transporte utilizado.